もう話のネタに困らない

朝礼上達BOOK

伏里剛

JN185561

SOGO HOREI PUBLISHING CO., LTD

はじめに

　世の中が不況にも関わらず、ヒット商品・サービスを出して業績を伸ばしている会社、業績が安定している会社は必ずあるものです。そのような会社を調べてみると、実は朝礼を毎朝実施している会社が少なくないことに気がつきます。あるいは、これまで朝礼を実施してこなかったものの、これから効果的に活用したいと考える経営者も増えています。

　意外に思われた方も多いのではないでしょうか。朝礼といえば、社員の団結力を重んじる日本的経営の最たるものというイメージが強いからです。

　現在はインターネットの発達によって社内コミュニケーションのやり方が大きく変わったほか、年功序列の崩壊による若者の就労意識の変化、グローバル化の進行などによって、正社員を中心とする従来の日本企業の組織形態は多様な働き方や多様な価値観を持つ働き手が混在するようになっています。

　一方で、消費の成熟化や少子化がもたらす国内市場の縮小によって、多くの企業が業種や規模を問わず、競合他社と明確に差別化された新たな商品・サービスの創出、新規分野への参入など、イノベーションを起こすことを求められています。

　このような環境の変化によって、画一的な職場で既存のビジネスを着実に進めることを主目的とする朝礼に〝時代遅れ〟というイメージを抱いていても無理はありません。

しかし、現在朝礼を行っている企業の多くは、このような時代だからこそ、朝礼を毎朝行うことに意味を見出しています。多様な価値観を持つ人材を活用して社会に新たな価値を提案していくことができなければ会社の存続が危ぶまれる現在、そこに集まる人々を一つにまとめるミッションが必要となります。ミッションそのものはインターネットで簡単に全員に共有させることができますが、それを社員一人ひとりに腹落ちさせるには、やはり全員が一同に集う場が必要です。その場として朝礼が最適だというわけです。

本書は、序章で朝礼の効用や効果的な朝礼の進め方を解説したあと、様々な目的に応じた朝礼スピーチの話例を多数掲載しました。それぞれの項目に合った著名人の名言を載せたほか、巻末資料として月別の朝礼トピックを掲載しました。自由にカスタマイズしてお使いください。

朝礼によって、みなさんの職場がイキイキ・ワクワクすることを願ってやみません。

2016年4月吉日

伏里　剛

もくじ

第2章 目の前の壁を打ち破るための話

第3章 社員のやる気を起こさせるための話

第4章 自分をみがくための話

第5章 ビジネスの原点を思い出すための話

ブックデザイン 土屋和泉
本文DTP 横内俊彦

序　章

なぜ朝礼をやる会社は成長するのか

朝礼をやる効用、メリットとは何か

❖ネットワーク社会&多様性の時代だからこそ朝礼

朝礼の効用は様々ありますが、なんといっても〝朝〟やることに意味があります。雇用形態や残業の有無により退社する時間はまちまちでも、出社する時間は全社員がほぼ同じです。頭の冴えた朝の時間帯に社員全員が前向きな姿勢になって、気持ちよく1日の仕事のスタートを切ることに朝礼の最大の効用があるのです。

朝礼を実施する具体的なメリットをまとめると、以下のようになります。

①企業理念・目標を定着させ、再確認する場

自社の企業理念や目標を名刺やホームページなどに掲載したり、社内の目立つところに

掲示している会社はたくさんあります。しかし、社員一人ひとりにそれを浸透させるにはそれだけでは不十分です。トップからパート・アルバイトに至るまで同じ事業所で働くメンバー全員が一同に会して企業理念を唱和することで、それが血肉となるのです。また、大きなトラブルや困難に直面して社内の結束を固めたいとき、企業理念を全員で再確認する場とすることもできます。そして、社員一人ひとりが自分の果たすべき役割を自発的に考えるきっかけともなります。

②同じ職場としての団結心・帰属意識を固める

労働人口全体に占める正社員の比率が6割まで下がった現在、職場にはパートタイマーやアルバイト、契約社員、派遣社員など、多様な雇用形態の社員がいます。外国人の雇用も増えていますし、同じ正社員でも年代によって就労意識はまちまちです。このような環境で、皆が一つの〝チーム〟として成果を出すには、朝礼を活用して団結心・帰属意識を高めることが最適です。

③情報の共有

現在、仕事に必要な社内情報はＩＴシステムでスムーズに共有化が図れます。しかし、それだけで情報の細かな背景や発信者の意図が正確に伝わるとは限りません。やはり、全員が一同に会する朝礼の場でフェイス・トゥ・フェイスで話すことが効果的です。

④頭を仕事モードに切り替えるスイッチ

出勤したら頭をすぐに仕事モードに切り替えられる社員がいる一方、そうでない社員もいます。朝礼を毎朝行うことで、社員全員のやる気スイッチを入れることができます。

⑤コミュニケーションの円滑化、モチベーションの向上

朝礼の司会やスピーチ当番を持ちまわりにすることで、部署や業務が異なるため普段話をする機会の少ない同僚がどういう人物なのかをお互いに知ることができ、コミュニケーションの円滑化を図ることができます。また、何かしらの成果をあげた社員を全員で表彰することで全体のモチベーション向上にもつなげられます。

⑥社員教育の場として

①の企業理念の理解に加え、朝礼の司会やスピーチ当番を持ちまわりにすることで、社員に大勢の前で簡潔かつ明確にスピーチするトレーニングを積ませたり、会社の一員であることの自覚を促したり、自主性を育むなどの効果があります。

❖朝礼は管理職・経営層のためでもある

実は朝礼の効果は、社員だけに留まりません。社員の直属の上司である管理職、各部門の長であり社長を補佐する立場である取締役陣、会社のトップである社長それぞれが自分の立場に応じた発表を行う機会を設けることで、社内における自分の立場を理解して責任感を新たにするという効果があります。

社員もまた、上司や経営層が朝礼でどのような発言を行うかに注目しているのです。社内に程よい緊張感を醸成する際にも朝礼は適していると言えます。

朝礼の効果的な進め方

❖全員が主役となれる場づくりを意識する

テレビでは時たま変わった朝礼を実施している会社のことが取り上げられます。体育会のノリで全員で気合いを入れ合ったり、拍手してお互いを讃えあうようなものです。ここまでやる必要はありませんが、かつてのように経営者が長々と訓辞をたれたり、全員で企業理念を唱和したり、単なる事務連絡の場であってはかえって逆効果です。社員にとって1日の仕事の良いモチベーションアップになるような場づくりを心がけましょう。

不確実性の高くなるこれからの時代、軍隊のように社員全員が受け身の姿勢でトップの指示に従うのではなく、一人ひとり自主性を持って仕事に取り組んでいくことが求められます。朝礼はその意識を醸成する場でなくてはなりません。

❖5分でも毎朝継続することが重要

朝礼は毎朝行うことが重要です。週一回とか月数回では効果は半減します。週一回30分やるよりも、毎日朝5分でも継続的にやるほうが効果があります。継続させるためにある意味でマンネリズムになっても構わないと思います。

マンネリズムに陥らないためには、毎回決まった人が司会をしたり訓示を垂れるのではなく、同じ職場で働く全員が立場や年齢の枠を超えて、持ちまわりで司会やスピーチを受け持つことが重要です。全員が参加することで一体感を生み出すのです。

❖スピーチのテーマの選び方

人前で話すことに慣れている営業職と違って、一日中パソコンを叩くことが仕事である事務職のビジネスパーソンにとって、同じ会社のメンバーの前で数分間といえどもスピーチすることはプレッシャーであり、人によっては憂鬱なものです。同僚や上役の前で変なことを話して笑い者になりたくない、評価を下げたくないという心理が働くのです。

無理に仕事に絡めて気の利いた話をする必要はありません。以下のようなことに気をつければいいでしょう。

①あまり気張らないで、地のままで天気や季節の推移など身近な話題を話す

②皆があまり知らない、新鮮なネタやニュースを折り込む

③自分の反省を必ず盛り込んで、「共に頑張ろう式」の話にする

④スマートな話し方ではなく、明るく元気いっぱいに話す

⑤映画や小説、スポーツなど自分自身の体験を付け加える

第1章以降に掲載した話例のサンプルを参考にして、自分なりに工夫をしてみてください。

第1章

厳しい環境で勝ち残るための話

001

「楽して儲ける」ことを考えずに、プライドを持って仕事に臨む

私たちを取り巻くビジネス環境はますます厳しくなっていると言えます。しかし、安易に他社の真似をして儲けたり業績を上げようと考えても意味がないとは思いませんか。

つまり、「**他社ができないこと、他社のやらないことをやっていこう**」という姿勢を持つべきです。もっと独立心旺盛に、「**わが社にはわが社なりの考え方があり、それをやってみせる**」というプライド、また自分たちなりの考えに自信を持って進めていくだけの活力・闘争心が必要であると思います。

もちろん、新しいことを成し遂げるためにはいろいろな障害があります。しかし、常にプライドを持って挑戦するというアクションを実行した後には、自分たちの心の中に「楽しかったな」という気持ちが必ず残るはずです。

逆に、「楽して儲ける」ことばかり考えてしまうと、顧客満足の視点がつい忘れられがちになります。

自分の仕事がお客さまにとっていかにプラスなものであるのか、今までにない新しい価値観や付加価値をどう提供していくかということに考えを集中しましょう。そうすることによって、結果的に競争に勝ち残っていくことができるわけです。

あるホテルの支配人は、オーナーから「君に経営をまかせたい」と言われたとき、国内の既存のホテルのやっていることを真似しようとはしませんでした。自分自身の足で世界中の一流ホテルを回り、「ホテルのサービスとは、こういうものだ」ということを、自分の目で調べ、チェックしていったのです。

身近にある競合ホテルを真似するのではなく、**自分の足で世界のレベルを知り、それを実行していく。これこそがビジネスの原点ではないでしょうか。**

一流のビジネスパーソンを目指すからには、自分で動き、自分の目で見て確認して、そして自信を持って実行していくことが大切だと思います。

使える名言

人が恐れてしまいがちなことは、新しい第一歩を踏み出すこと、新しい言葉を発することである。

――フョードル・ドストエフスキー（作家）

002

常識人からは、イノベーションは起こらない

ビジネスパーソンにとって、「いかに常識人であるか」は重要な問題です。常識を知らないと、恥をかいたり、他人に迷惑をかけたりなど、いろいろなハプニングが起きるからです。

しかし、本日、私がみなさんにお伝えしたい〝常識〟とは、単なるあたりまえの考え方でいてはならないという意味です。

「常識とは、18才までに得た偏見のコレクションである。」

これはアインシュタインが残した名言です。「**常識を打ち破ることが大切である**」ということを言っています。要するに、普通の考えや普通の方式ではとてもできないようなことが、常識を超えたところに存在するわけです。

〝イノベーター〟と呼ばれる人たちは、それこそ比類なき頭脳を持って、この世にすばらしいものを送り出したわけですが、それは単に彼らの能力がすばらしいだけでなく、物事を常に常識的な目ではなく、いろいろな角度から徹底的に観察し、考え、そしてやってみ

たことから新たな価値を生み出したわけです。

私たちはつい、「常識的に言って、ウチではとてもあそこの仕事はとれない」「こんな物が売れるはずがない」と考えがちです。しかし、「**世の中に不可能なものはない**」という考え方に立ち、願望は必ず叶うと考えていれば、良い方法が浮かんだりするものです。

それがまさに非常識の世界なのです。常識やセオリーにとらわれることなく、「**お客さまの問題解決のために徹底的に努力する**」という姿が大切なのではないでしょうか。

経験を積み年齢を重ねることによって、私たちは、いつの間にか〝常識人〟になってしまい、最初から結論を出してしまう人間になってはいないでしょうか。しかし、それでは壁にぶち当たってもうまく乗り越えることはできません。常にチャレンジ精神を心がけて日々の仕事に取り組んでいきましょう。

使える名言

常識？　あぁ、凡人が仲良く生きるためのルールのことか。

——スティーブ・ジョブズ（アップル創業者）

003 世の中に悪人がいるのはあたりまえであると考える

世の中には、善人もいれば悪人もいます。それではじめて人間の集団と言えます。映画やドラマも善玉と悪玉がいるからこそおもしろいストーリーになるのです。

私たち自身の中に良い心と悪い心が共存するように、他人を単純に善人・悪人に分けることはできません。このような**複雑な心理や行動を持つのが人間**というものなのです。

ですから、たとえ悪人に出会ってしまったとしても、そのことに驚いたり戸惑ったりしていてはどうにもなりません。強い信念を持って、一本の方針を貫き通し、たとえ騙されたと思っても、自分を反省し、二度と繰り返さないように注意しましょう。

一つひとつの仕事において、用意周到に細心の注意を払って、相手に騙されないように、大きな損失を被らないようにすることが、ビジネスの現場においては必要です。

あまりにも大きな利益を望んだり、小さな努力で大きな成果を得ようと思ったら、そこには必ず大きな落とし穴が待っていると思うべきです。大きな利益を目指せば目指すほど、リスクも大きくなることを知っておかなければなりません。

誰でも新人社員のときは、失敗してもあまり影響のない簡単な仕事を与えられます。慣れてくるにしたがって、徐々に重要な仕事が与えられるようになります。その仕事を十分にこなすために、私たちは大きな仕事の重圧に耐えられるよう、日々の仕事に十分な用意をして、頑張っていかなければならないのです。

今の仕事をいい加減にこなすことは、次の仕事で失敗する大きな要因になるのです。常に余裕を持って、仕事を片づけていったり、仕事をやり切っていきましょう。そして、次の、もっと大きな仕事に向けて「**さあ来い**」といった気持ちでいなければなりません。

余裕を持たず、中途半端な考えで仕事をしていると、大きな落とし穴にはまることになります。そういう失敗を起こさないように、私たち一人ひとりが真剣に仕事に取り組み、善悪を見分けられるような、賢いビジネスパーソンになっていこうではありませんか。

使える名言

強さや自信は、外の世界には見つからない。それは自分の内側から出てくるものだ。いつでも、自分とともにある。

――ジークムント・フロイト（精神分析学者）

004

社会のために自分がいかに貢献できるかを心がけよう

仕事とは、**社会のために役に立つ**、あるいは**社会に奉仕、貢献する**ことです。

なぜなら、社会に役立たない商品やサービスをいくら作ったところで、受け入れられるはずがないからです。

それは製造の現場であれ、サービスの現場であれ、そこに社会のニーズがあったときにはじめて一つのビジネスとして成功するのです。

かつて日本メーカーの自動車がアメリカ市場を席巻し、日米貿易摩擦の代表的な例として大きな問題になりました。アメリカ政府は自国の自動車メーカーを保護するために日本メーカーの自動車に高い関税を課しましたが、日本車の優勢は覆りませんでした。

その理由はどこにあったのかといえば、日本車の性能の良さ、故障の少なさ、低価格、といったさまざまな優位性でした。

このように、自由競争においては、人々が本当に望む物、人々の生活にプラスになる物は、政府が関税をかけたり、様々な圧力をかけたとしても市場に受け入れられるのです。「**同じお金を使うなら、できるだけ良い物を買いたい**」と思うのが消費者の心理です。自由主義経済の中では、消費者の支持を得た物が売れ、支持が得られない物は淘汰されます。

わが日本経済も自由主義経済です。良い製品は伸び、良いサービスはどんどん受け入れられます。

頑張れば頑張っただけ、「社会に貢献する」といった精神が強ければ強いだけ、良いアイデアが生まれ、人々にプラスになるような仕事をすることができます。それが結果的に、事業の拡大、営業成績の拡大となっていくことを確信したいと思います。

使える名言

お客様は神様です、という言葉があるが、消費者は神様以上のきびしさをお持ちである。

――安藤百福（日清食品・創業者）

005 世の中は不景気であっても、自分の心の中に不況を作ってはならない

今や企業を取り巻く環境は、生易しいものではありません。

少子高齢化や市場の成熟に加え、バブル崩壊以降「失われた20年」と呼ばれる低成長が長く続いた結果、人々は消費を控え、企業も設備投資に対して大変慎重になっています。

このような環境の中で、これまでは少し頑張れば売れた商品も、さらに頭を使ったり工夫を凝らさなければ、そう簡単に売れる時代ではなくなっています。

しかし、このような時代であっても、私たちがビジネスに取り組む意気込みは決して暗くなってはならず、また希望を失ってはならないのです。心の中に不況を持ち込んではなりません。たとえ世の中が不景気であっても、**自分の心まで不景気になってしまっては、負け**です。

世の中が辛ければ辛いほど、景気が悪ければ悪いほど、生き残りを賭けたゲームなのです。景気の良くないときこそ、勝ち残る企業と淘汰される企業がはっきりと分かれてきま

す。そして、**勝ち残った企業がさらなる繁栄を遂げていく**時代なのです。

この生き残りの戦いは、これまでのように安易な気持ちで取り組んではなりません。まさに自分との戦いでもあり、いかに日々研鑽《けんさん》をし、「**もう一歩、もう一歩**」という戦いを繰り返していくかどうかにあると思います。

そのような意味で、「**心の中だけは絶対に負けないぞ、自分の仕事には社会の応援が待っている**」という強い信念と抱負を持って、厳しい時代に打ち勝っていきたいと思います。

ご存知のように、この不況を逆手にとって、新たな発想でビジネスをどんどん伸ばしている成長企業はたくさんあります。このような会社は社会や消費者の動きを敏感に感じ取り、積極的な経営姿勢がその成功の源泉になっています。私たちも弱気にならずに、〝攻め〟の姿勢を忘れないようにしましょう。

使える名言

私は不況が大好きだ。不況は受ける痛手も大きいが、景気のいいときよりも悪いときの方が、成長分野が豊富にあることに気づかせてくれる。

——ジェイ・エイブラハム（経営コンサルタント）

006

仕事は目先の問題も大切だが、長期的な視野を持つことも大切

経営でも、仕事でも、大切なのは日々の仕事を一つひとつきちんとやっていくことと同時に、将来を見据えた長期的な展望に立ってやっていくことではないでしょうか。

目先の仕事は確かに大切です。それをやれるかやれないかによって、次のステップが決まってきます。しかし、**現実の問題に取り組む際も、将来の大きな構想や流れをしっかり見据え、その中で今の仕事をどうすべきかという考え方に立っていかなければなりません。**

小さな視野で物事を考えると、見えるものも見えなくなってしまいます。

大きな流れをとらえた上で「**今やっている仕事は、この部分に当たるのだ**」「**この仕事は、次のこういう問題の足がかりになるのだ**」ということを考えると、意外と客観的に仕事ができ、倍の力が出てきたりするものです。

また、長期的な視野に立ったとき、私たちの仕事は必ずしも右肩上がりの前進ばかりをするわけではありません。一つの仕事だけに執着すると、坂を少しずつ下るように停滞し

ていくこともあります。

背広の中にたくさんのポケットを持ち、そこにたくさんのアイデアを入れるということは大切です。あるときはAのポケットが活かされ、またあるときはBのポケットが活かされます。仕事においても、部署や現場ごとに浮き沈みがあります。

しかし、常にどこかが繁栄している、あるいはどこかを支えている。このような形態にもっていくことが、安定的な会社の経営です。ときには忙しくなり、ときには暇になったりすることもあります。

そのような場合には、**互いに忙しいところを助け合う**、という団結の精神が必要だと思います。

みんなで苦難を分かち合い、助け合い、スムーズに仕事をする。そして健康な毎日を過ごせる。そのような職場にしていこうではありませんか。

使える名言

株主の中には、多額の先行投資に反対する人もいる。しかし、アマゾンは長期的な視野で考える会社である。今後も積極的に投資を行っていきたい。

——ジェフ・ベゾス（アマゾン・ドットコムCEO）

007

経営や商売は臨床医学と同じ。失敗と成功の繰り返しである

医学において大切なことは、人間の体の仕組みや細胞の動きなどの理論のみではありません。一番肝心なのは臨床医学です。実際に薬を投与してどうなるのか、手術をしてどのような結果が得られるのか、なおかつ多くの患者を診察しその経過を知る、といった経験の積み重ねではないでしょうか。空理空論の上に立った医学では、人を幸福にし、病気を治すことはできません。

私たちの日々の仕事にも、同じことが言えると思います。仕事のやり方は、それなりにセオリーやマニュアルがあるでしょう。あるいは、先輩の経験や自分なりに積んできた経験があるかもしれません。しかし、**多くの体験を通じて、失敗や成功を重ねて、自分なりのものをつかんでいく**ことが、自信につながっていくのだと思います。

仕事とは、必ずしもうまくいくものではありません。常に成功を収め、常に利益を得る、ことは至難の業と言えるのです。その繰り返しがビジネスというものです。

自由経済の中では、物が売れればさらに物を作り、作りすぎたら物が売れずに余って、それが不況へとつながります。そういう原則から考えると当然のことです。

そのような経済サイクルの中で、私たちはどう対処していくべきでしょうか。売れないときは売れないなりに良い物を作っていく。物が高すぎた場合には、なるべくコストの安い物を提供していく。そのときそのときに合ったやり方をしながら、工夫して作り出していくことが必要であると思います。

頭だけではどうにもなりません。現実に成功を収め、結果を出していくような仕事を私たちはしていく必要があります。**ビジネスとは、苦しい体験をいかに乗り越えて来ているか、という実体験の積み重ね**であるということを知っておかなければなりません。

あくまでも現場主義に徹し、現場の生の姿をとらえ、そこからアイデアを生み出して、頑張っていこうではありませんか。

使える名言

曲がりくねった道なくして、山はそびえ立つことができない。

——ゲーテ（哲学者）

008
ビジネスは「人対人」。少しくらいの摩擦を恐れてはならない

ビジネスの現場では、時としていろいろな摩擦が起きます。

言葉の言い間違い、相手の早飲み込み、こちらの早とちりなどから、「言った」「言わない」の問題や、せっかく商品を納めたにもかかわらず、先方の都合で「これはもう要りません」と言われたりと、いろいろなことが起きます。

ビジネスは「人間対人間」のつき合いであり、人間が行っている仕事です。わがままも出れば、相手の都合で取引の条件を変えられたりすることも当然あります。さらには、業績が悪化した取引先の場合、信頼を裏切るような行動に出られることもあります。

そのような軋轢や摩擦、いざこざが起こった際、私たちは冷静な判断を下さなければなりません。ダメなものはダメであり、良いものは良いのであり、努力によってはダメなものが良くなることもあります。しかし、それは一人で悩むのではなく、しっかり上司に報告し、指示を仰ぎ、その上で対策を練っていく必要があります。

仕事を進めていく過程で、会社に迷惑をかけるようなことがあれば、損害を最小で食い止める。あるいは先方との間に言葉の行き違いで問題が起きたなら、後々のことを考え、一歩引いたときであっても、相手に対して恩を売る形でまとめることが必要です。

常に自己主張し、自分だけが良いように振るまうと、取引先は自然に離れていってしまうものです。たとえ相手が明らかに悪い場合でも、相手の非を徹底的に追及するよりも、相手の言い分をある程度認めましょう。そのように仕事を進めていく中で、良い取引関係が育ち、信頼関係が生まれ、ビジネスが発展していくのです。

したがって、私たちはいろいろな問題にぶち当たりますが、**その問題に対して誠意を持って、最高の回答が出せるように努力していきたいものです。**

なんの問題も起こらないような仕事をしていてはダメです。「今日は一日何もなかった」と安心するような消極的な考え方では、ビジネスで負けてしまうと思います。

使える名言

摩擦を怖れるな！　摩擦は進歩の母、積極の肥料だ。でないと君は卑屈未練になる。

——吉田秀雄（電通社長）

009

ビジネスや仕事においては、すべてに自信を持って行動していこう

私たちがビジネスや仕事をする際に何よりも大切なのは、**自信を持って取り組む**ということではないでしょうか。

経験のないこと、新しいことに取り組む場合、相手に対して胸を張って交渉することができず、セールスにおいても何か後ろめたいものを覚えたりします。

商品やサービスの質が悪いからではありません。自分自身の勉強不足が災いして自信が持てないのです。しかし、これでは企業は成り立ちません。

自社の製品やサービスを販売するとき、私たちはその良さを徹底的に知り尽くし、その良さを相手に知らしめるために、さまざまなセールストークを用意する必要があります。

営業だけではありません。日常の仕事においても、もし自信がないならば、自信がつくまで先輩に聞いたり、勉強したりする、といった努力が必要ではないでしょうか。

いつまでも「こうしても良いのだろうか」「こうすればどうだろうか」と迷いながら仕事

をしているのは決して良いことではありません。

お客さまのところへ行ったとき、いろいろな質問をされます。しかし、自分が未熟なために、それに対して確信のある答えが返せなかったり、お客さまに対してメリットのある提案が出せないようでは、信用を得られません。

力のあるビジネスパーソンが多くの取引先から信頼され、業績を伸ばしていくのは、何よりも経験があるからですが、それと同時に、**日ごろの勉強、研究、調査が裏づけ**にあるからです。ただ仕事をもらってきたり、相手の話を聞いて来るだけの無気力な仕事のやり方は、子供の使いであり、ビジネスとは言えません。

自分が仕事をするからには、相手に何らかの付加価値を与え、相手が求めることに対して徹底的に応えられるような努力を常日ごろから行い、磐石の自信を持って仕事にあたることが信頼を勝ち得、自分自身を伸ばしていくことになるのではないでしょうか。

使える名言

未来を見通して、点を繋げることはできない。過去を振り返って繋げるしかない。だからいつか点が繋がると信じるのだ。

――スティーブ・ジョブズ（アップル創業者）

010

惰性で仕事をするのではなく、計画をしっかりと立てていこう

仕事をする際、私たちはときに非能率的な仕事をしてしまうことがあります。最初にやるべきことを後回しにしたり、後でやるべきことを最初にやろうとして無理をしてしまいます。これは能率的な仕事とは言えません。計画が綿密に立てられていなかったり、最も効率的な仕事の行程を考えないで闇雲に行動してしまっているからです。

仕事には、すべて最初にビジョンや計画があり、最終目標に対する行動計画が必要だと思います。無計画な行動は、無駄な結果を生み、時間やコストの浪費を重ねるだけではないでしょうか。

したがって、私たちはどんな些細なことでも、しっかりと計画を練り、その計画を一つひとつチェックしながら、頑張っていくことが大切であると思います。

計画なき仕事は、本人の都合に左右されてしまうのではないでしょうか。計画や目標がある限り、本人の都合で仕事をいい加減に扱ったり、先延ばしにすることはできません。

また、計画があることによって、相手との打ち合わせや約束が発生します。自分がどんなに計画を変更したいと思っても、それができずに「やるしかない」と自分を追い込んでいくことができます。

人間とはわがままであり、独りよがりです。しかし、そのような中では良い仕事の結果は生まれません。自分自身にとっても、良い結果にはなりません。計画を立て、その計画に対して反省を繰り返しながら仕事を進めていくところに、良い結果が生まれ、次の大きなプロジェクトに移っていけるのではないでしょうか。

仕事をはじめる前にまず、いつまでにやるか、そのステップとして最初に何をやり、次に何をやるか、さらにその仕事については誰の援助や助言を求めるか、といったことをしっかり固めましょう。その上で行動し、いったん行動したからには勇猛果敢に進んでいくことが、私たちの日常の仕事には必要と思います。

使える名言

「計画」とは将来への意思である。将来への意思は、現在から飛躍し、無理があり、現実不可能に見えるものでなくてはならない。

——土光敏夫（元経団連会長）

011

少量多品種の時代、みんなと同じ方向へ行っても良いことはない

私たちはとかく、「みんなが行くからその方向へ行こう」といった安易な考え方に陥りがちです。何か判断するときに、「あの会社はどうだろうか。この会社はすでにやっているだろうか。それなら我が社もやろう」という安易な行動をとる場合があります。

しかし、そういう行動をとった場合、参考にした会社がコケれば、自分の会社も一緒にコケてしまいます。

もはや大量生産、大量消費の時代ではありません。みんなが同じようなブランド物を身につけて、同じような物を食べる、という時代ではないのです。いかに自分の個性を出すか、いかに人との違いを見出すか、という時代です。そして、少量多品種生産で、まさに一人ひとりの個性を打ち出すのが企業の果たす役割になっています。

したがって、「**うちの会社は、他社と比べて一体どこに個性があるのか**」ということを企業自身が常に意識していなければなりません。「**それは他の会社がすでにやっている、それ**

ならうちはやめよう」というくらいの心意気、思い切った独自性が必要なのです。

もちろん、成功する裏づけもないことを他社がやっていないからといってやるのはたしかに冒険です。しかし、一応のリサーチをし、ある程度数字の裏づけをとってやるならば、他社でやっていない新しいことが成功する確率は高いはずです。

このように、常に互いにアイデアを出し合い、激論を戦わせながら、仕事の方向性を考えていくことが、どんなに不況になっても、私たちに成功をもたらす大切な考え方であると言えるのではないでしょうか。「**いかに独自性を出すか、いかに違いを出すか**」が、これからのビジネスにおいて必要になってくるキーワードであると言えます。

確かに、これまでは商品を作ればいくらでも売れましたし、サービスも受け入れられてきました。しかし、こんなことに慣れきった惰性からは、なにも新しいものを生み出していくことはできないと思います。

使える名言

私の着ているものを見て、みんな笑ったわ。でもそれが成功の鍵。私はみんなと同じ格好をしなかったの。

――ココ・シャネル（ファッションデザイナー）

012

「ワーク・ライフ・バランス」の時代でも、「当事者意識」を持って仕事に打ち込もう

昔の経営者は必ず自社の株式を保有し、たとえその会社がボロ会社であったとしても株主としての地位を築き、またリスクを負いながらビジネスに打ち込んだと言われます。最近は従業員持株会など、企業によっていろいろな制度がありますが、社員も自分が働く会社の株を持ち、会社に資本を提供して、そしてリスクを負いながら会社の発展のために運命共同体で頑張っていこうというくらいの姿勢がなければならないと思います。

「自分は働かなくとも給料だけはもらおう」とか「ちょっとつまらなければ転職してしまえばよい」というようなやり方は決して良い考え方ではありません。

一つの会社で仕事をしっかりできない人はどこへ行っても同じ結果になります。結果的には自分の身を滅ぼし、ボロボロになって人生の敗残者になるのがオチというものです。**仕事に打ち込むからには、それだけ自分を断崖絶壁に追い込んで課題を与え、その課題に挑戦していくという、常に前向きな姿勢がなければなりません。**

「朝9時から夕方5時まで会社にいて、残りは自分の時間だ」という働き方では、会社の一つの歯車にすぎません。将来、会社の中枢として力を発揮するためには、たとえ残業してでも必要な仕事はやっていく、週末でも会社に関するアイデアや課題がひらめいたら翌週の仕事に反映させるなど、**常に自分の頭の中に仕事を入れて前進していく姿勢が必要です**。

最近は「ワーク・ライフ・バランス」という言葉に代表される、仕事よりも自分の人生を優先する考え方が確かに存在しますが、人生の大半を仕事に費やす以上はあまりにもったいないとは言えないでしょうか。

将来、社会の中で大きく自分の存在を知らしめる、あるいは独立開業して大きく成長していくためには、**若いときにどれだけ仕事の厳しさを作り、それに挑戦したか**ということが必要になってきます。要はどれだけ苦労し、努力したかではないでしょうか。

使える名言

傍観者はダメである。どんな仕事でも、当事者になることが肝心である。

――藤田田（日本マクドナルド創業者）

013

どんな時代でも、コスト感覚を持って仕事をしよう

森永製菓の創業者である森永太一郎は「事業を始める場合に他人から金を借りては真の成功を得ることは難しい」と言っています。

もちろん、現在の資本主義社会では、多くの人から広く資金を募る、いわゆる「資本と経営の分離」が進んでいます。しかし、資本を集めるということは配当の義務が生じるわけであり、決してただでお金を集めているわけではありません。また、銀行から運転資金を借りる場合は、当然、長期短期という期間に応じた金利がかかってきます。このように、**企業経営においては、コスト感覚をしっかり持つ必要があります**。

「足りなければお金を借りてくればよい」という考え方はあまりにも放漫であり、どんぶり経営と言わなければなりません。

銀行からお金を借りれば、私たちが確保した売上げや利益の中から利息をもっていかれてしまいます。結果的に残るのはわずかな額でしかないわけです。

このように他人からお金を借りてビジネスを行うことは決して効率的ではありません。世の中において、利息の2倍も3倍も儲かるようなビジネスはそうそうありません。

確かに1980年代のバブル経済の時代にはそのようなこともありましたが、結果的にそれは崩壊してしまいました。仕事というものはそんなに甘いものではありません。バブルに乗ったビジネスをやった会社の多くは、結果的にバブルの崩壊と共に倒産してしまいました。その理由は、やはり多額の借金を抱え、ビジネスにおける収入がついには借金の返済に見合うだけのものではなくなってしまったからです。

私たちはとかく、事業が伸びているときは経費を浪費し、あるいは無造作に使ってしまいがちになりますが、**そのお金を稼ぐためにどれだけの努力をし、どれだけ働かなければならないか**ということをいつも考えなければならないのです。

使える名言

商店、会社というものは、本当は借金をせずして自己資金の範囲で経営しなければならないと思います。

——松下幸之助（パナソニック創業者）

014

「濡れ手に粟」的な経営の限界は歴史が証明している

経済用語としての「バブル」とは、市場が一時的に過熱する現象をいいます。1980年代に吹き荒れてその後の日本経済の長期凋落に重要な役割を果たしたバブル経済の例は言うまでもなく、その後もインターネットバブル、不動産バブルなどが起こりました。

このようなバブルの過熱とその後に訪れた不況の教訓として、私たちが考えなければならないことは、**一時的な利を求めることの危険性**ではないでしょうか。

バブルの中で「濡れ手に粟」のごとく、土地や株でお金を儲けた人はたくさんいました。しかし、儲かった反面、バブルが崩壊する過程で儲けをすべて吐き出し、それでも足りず、多大な借金を背負って倒産した企業や破産した個人の例も多くあります。

したがって、「濡れ手に粟」的な経営やビジネスとは、最後にはあまり良い結果を生まないということを私たちは歴史の教訓として受け止めておかなければならないと思います。

一方、バブルの過熱と崩壊の中で、安定的に成長している企業を見ると、**どのような状**

況にあっても、自らの本業のあり方を忘れず、地道に業績を伸ばしていることが特徴です。そこには情勢を冷静に判断して「このような状況が長くは続かないだろう」という見極めの確かさと、「一時的な浮利を追うことは自社の経営理念とは相容れない」という経営者の確固たる思いがあるのだと思います。

少子高齢化が進むこれからの日本で、かつてのように国全体がバブルに沸くということは考えにくいと思いますが、今後もバブル的な現象は局地的に出てくるでしょう。このような中で大切なのは、「**いかに考えて生き抜いていくか**」ということではないかと思います。安易に浮利を追い求める姿勢からは、価値あるものは決して生まれてはこないのではないでしょうか。私たちは心を引き締めて、**本当にお客さまに貢献していく姿勢**をしっかり持っていくことが改めて大切であると思います。

使える名言

歴史から教訓を学ばぬ者は、過ちを繰り返して滅びる。

——ウィストン・チャーチル（英国元首相）

015

ビジネスのコツは、最少の費用で最大のサービスを提供すること

パナソニック創業者であり、「商売の神様」と呼ばれている松下幸之助は、「商売の最大のコツは、コストをかけないで、多くのサービスをできるようにすることである」と言っています。

今世の中に出回っている商品は、外観も性能もどれも似たり寄ったりです。では、同じような製品が氾濫している中で、私たちは何を売り物にビジネスを伸ばしていくべきなのでしょうか。

それは、**一人の人間として、お客さまにいかにサービス精神や親切心を持って対応していくかということではないかと思います**。

たとえば、お店でお客さまから質問されたとき、「今ちょっと忙しいので」と言って相手にしない営業マンがいたとします。実は、この営業マンは忙しそうにしていることによって、多くのお客さまを失い、他の競争店に奪われているのです。私たちも気づかないだけ

で、自分の忙しさにかまけて、お客さまや取引相手に対して、非常に失礼な言動をとったりしてはいないでしょうか。

不思議なもので、忙しいときに限ってたくさんの仕事が集中します。しかし、それが途切れると、パタリと暇になり、「あのとき自分は、なぜあんな言葉を使ってしまったのか」「あのお客さまに、どうして親切にできなかったのか」といった反省がよぎるのです。

したがって、**私たち一人ひとりは、どんなときでも冷静沈着に最善を尽くしてお客さまに誠意を持ってサービスすることを心がけるべきです**。その精神こそが、松下幸之助のいう、「最小の費用で最大の効果を上げる商売のコツ」であると思います。

今日、大きく成長している企業の多くは、このような素晴らしい創業の精神に則って仕事を進めてきたのだと思います。

使える名言

企業の使命と目的を定義するとき、出発点は一つしかない。顧客である。顧客を満足させることが、企業の使命であり目的である。

——ピーター・ドラッカー（経営学者）

016

食わず嫌いはダメ。未知の世界に挑戦する姿勢を持つ

今や私たちの周囲には、たくさんのパソコンや関連機器が所狭しと並んでいます。

もはやビジネスにおいて、ＩＴ抜きの仕事はありえません。パソコンやインターネットを抜きにして仕事は成し得ない時代になっています。

しかし、シニア層の人々の中には、「ＩＴを使うのは苦手である」「パソコンを使うような仕事はしたくない」というような食わず嫌いの人もいまだにいます。

しかし、使ってみればそんなに難しいものではありません。要するに、**食わず嫌い**なのです。**経験もしないで尻込みしてしまう姿勢は、ＩＴだけに限らず、あらゆる仕事においても関係してくる問題ではないでしょうか**。

実は、なんでもやってみれば意外と簡単です。

また、機器やソフトウエアも年々簡単に操作できるように作られてきています。

したがって、私たちは、目の前のわからないこと、難しいことについて尻込みしたりせ

ず、積極的にエネルギーを燃やして頑張っていこうではありませんか。

どのようなことでもファイトがある人とない人では、結果が違います。

たとえば、プロゴルファーのラウンドにしても、4回でグリーンに乗せてやる、3回で乗せてやると決めればそのようになってきます。

しかし、今回はダメではないかと思えば、そこで糸がプツンと切れて本当にダメになってしまいます。

相撲の土俵際のあの粘りも、「どんなことをしても負けられない」という意志が良い結果を生むのではないでしょうか。どんな問題でもそうです。**やる側の取り組み方次第、熱意次第で物事はうまくいき、機械を使いこなすことができるわけです。**

どんな世界に生きる人でも、**未知への挑戦があり、自分の限界への挑戦に勝って初めて良い思いができるのではないでしょうか。**

使える名言

人生とは未知の自分に挑戦することだよ。

——日野原重明（聖路加病院院長）

017
仕事を楽しむ姿勢から良いものが生まれることを忘れない

ゲームソフトメーカーの任天堂の名前には、「運を天に任せる」という意味が込められているそうです。私は、この「運を天に任せる」という名前には、あまり堅い空気の中で仕事をしてもしょせん良いものは生まれない、つまり**自由な企業気質の中からこそ良いアイデアが生まれるのだ**という思いが込められているのだと思います。

ただ漠然と働いたり、あるいは夜遅くまで残業すればそれで自然に良い仕事ができるということはありません。**自由に物事を考え、さまざまな角度から柔軟に物事を考えるという姿勢から、良い製品やサービスが生まれてくる**のではないでしょうか。

もちろん、そのためにはさまざまな体験を積んだり、情報を仕入れたり、優れた芸術に接して感性を磨く努力をしなければなりません。

たとえば、仕事に関係するジャンルのビジネス書しか読まず、小説などは一切読まないという人は、結果的に発想の幅が狭まり、アイデアの源となる知識の吸収がありませんから、アウトプットもそれほど大したものが出てこないのではないでしょうか。

したがって、私たちは日常生活の中で、本を読む、テレビを見る、インターネットをやる、街を歩くといったあらゆる場面の中で、自分の日々の仕事と結びつく、プラスアルファを求めて考えていくという姿勢が必要であると思います。

「私は午前9時から午後5時までしか仕事のことは考えない」という人に限って、肝心な9時から5時の間に良いアイデアが生まれず、良い成果も出せないことがあります。

普段のたゆまぬ努力や意識改革の中にこそ良い仕事が生まれるのであり、結果として自分自身の仕事への喜びを増やしていくことができるのではないでしょうか。

仕事は楽しくなくてはなりません。そして、喜び、結果が出なければならないわけです。

そのような意味で、もっともっと自由に、肩を楽にして考えていく姿勢を私たちはもう少し取り入れていく必要があるのではないかと思います。

使える名言

我々が生まれつき持っているものは実に少ない。人間とは自分自身を創造していく存在なのだ。

——グラハム・ベル（発明家）

第2章

目の前の壁を打ち破るための話

018
「60％の見通しがあれば実行する」という姿勢が求められる

ある物事を決断し実行する場合、私たちはどこまでその可能性を見たら良いでしょうか。フィフティ・フィフティの場合、これは非常にリスクが大きいと言えます。

しかし、フィフティ・フィフティよりもちょっと可能性が増した時点、すなわち60％の可能性があるならば、残りの40％のリスクは自分たちの努力で、またいろいろな人々の力を借りることができればなんとかなってしまうと私は考えます。

ですから、**重要なのは、60％の可能性があると思った時点で、すぐ決断したり、すぐ実行するというスピード感**ではないでしょうか。

いくら考えたり悩んでいても、行動しなければ何も生まれません。

車のセールスにしても、100件、200件訪問して、やっと1人や2人のお客さまをつかまえられるというのが現実です。

研究開発にしても、たくさんの失敗を積んだ先に、それこそ100分の1、1000分の1という確率で1つの結果が生まれるのです。

私たちの日々の行動は、先例があり、マニュアルがあり、先輩の助言があるという、恵まれた立場にあることを考えなければなりません。

その上で、60％の可能性で成功が確信できるならば、それはもう勇猛果敢にやっていくべきです。そして、一つひとつの成果を積み上げ、自信をつけていくことによって、40％のリスクを限りなくゼロにしていくだけの力がついてくることを私たちは確信し、頑張っていきたいと思います。

不確実性の時代では、100％安心して決定できるということは、とっくに過去のものになっています。**新しいものに挑戦していくためには、誰も気がついていない、あるいは、皆が不安でも可能性が必ずあるというものを見つけて頑張っていくことが、大切ではないかと思います。既成概念の中からは、なにも生まれないのです。**

使える名言

勝率9割を求めると、完璧に準備をし終わったときにはすでに手遅れになっている場合が多い

——孫正義（ソフトバンク社長）

019

壁にぶつかっても、もっと良い方法がないかと常に考えてみる

私たちは決められた仕事、与えられた目標について、毎日一生懸命に頑張っています。しかし、目標を達成するのはなかなか難しいというのが現状ではないでしょうか。それは、私たち自身の力がまだ及ばないという部分もあるでしょうが、世の中の大きな動きや消費者の心理の変化などについていけていないということもあると思います。

しかし、そういうときこそ、私たちは能力を発揮すべきだと思います。

何かにぶつかり、苦難に直面したときこそ、「**必ず解決方法があるはずだ**」と決めてかかれば、新しい方法を考え出すことができます。

みなさんもこれまでの人生で、そのような体験をしたことはあると思います。したがって、どんなことが起こっても、そこで行き詰まらないで、「**別の方法を考えてみよう**」「**今度は、この方法を試してみよう**」というチャレンジをやってみようではありませんか。

私たちは、今までやってきたことが行き詰まると、「自分のやることは、ないのではない

か」「もう、これ以上やってもむだなのではないか」と恐れおののくことが多くあります。

しかし、そんなことでこれから5年、10年といった長い間のビジネス生活を、中堅社員として着実に送っていくことは、できないと思います。

後輩もどんどん入ってきます。先輩も先へ進んでいきます。そういう中で、**自分らしく全力を尽くし、新しい発見、新しい挑戦を日々行っていくことが、大切なことだと思います。**

「もう大体のことは知っているから、後は適当に楽しみながら仕事をやっていこう」などと考えていると、たちまち後輩がどんどん力をつけてきて追い抜かれてしまうことになるでしょう。「適当でいい」というような考え方は捨てましょう。

使える名言

成功者は、例え不運な事態に見舞われても、この試練を乗り越えたら、必ず成功すると考えている。そして、最後まで諦めなかった人間が成功しているのである。

——本田宗一郎（ホンダ創業者）

020

リスクを恐れずに、新しい事業に取り組んでいこう

ビジネスにおいて、「これは100%成功間違いなし」と過去の経験に基づいた仕事だけをしていると、そのビジネスはいずれ時代遅れになります。したがって、私たちは、常に新しい分野、新しい事業に挑戦していかなければなりません。

もちろん、その新しい挑戦にはリスクがありますし、多額のコストがかかるかもしれません。しかし、**そのようにリスクを背負いながら新しい挑戦をすることによって、それが現実の柱になっている本体の事業に代わって、新しい時代の収入源に育っていく可能性が十分にあるのです**。

現在、少子高齢化による市場の縮小、ビジネスモデルの陳腐化に直面し、多くの企業がさまざまな新規事業に挑戦しています。途中で中断したり、失敗に終るものもありますが、その中から新たな事業の柱となるものが生まれ、企業は永続的に発展していくのです。

特に、社長や幹部がリーダーシップを発揮し、先見性のある会社は、それをうまく進め

ながら社員が頑張っています。

「**どのような分野で、どのような事業を発展させるか**」ということは、現場にいる私たちが真剣に考え、意見を述べ、新しい課題が与えられたなら徹底的に実現してみせる。そのような姿勢がなければなりません。

どんなリスクがあろうとも、それに打ち勝つファイトと好奇心がありさえすれば、私たちはどんな新しい分野でも乗り越え、結果として良いものに育て上げていくことができるのではないでしょうか。

ビジネスとは、ある意味で非常にリスキーであり、常に「綱渡り」と言っても過言ではないでしょう。「うちの会社は絶対に倒産しない」ということは言い切れません。

そのような意味で、常に新しい試み、新しいリスクへの挑戦を心がけ、会社の永遠なる発展を進めていこうではありませんか。

使える名言

新規事業は失敗を恐れていてはできない。手がける仕事の10分の1も成功すればいい。

――茅野亮（すかいらーく創業者）

021

仕事は継続することに意義がある

ビジネスとは、非常に浮き沈みが激しいものです。

あるときは大ヒットして注目を浴びた製品・サービスでも、ブームが過ぎてしまうと、すっかり忘れられてしまうという状況になります。

このように、１つの仕事を着実に、しかも長く続けていくことは決して簡単ではありません。

世の中の動き、経済の変動といった要因がありますし、それにうまく呼応できない状態で仕事をしていくと、はぐれカラスではありませんが、さっぱり需要もない、仕事もないというところで寂しく過ごさなければなりません。

そのようなことを考えると、**私たちは時代の流れやトレンドを常に嗅ぎ取り、それに合わせた仕事のやり方をしながら、それを追いかけて仕事を継続・前進させていくという姿勢が必要であると思います。**

仕事の継続はなかなか難しいものです。

かつて日本を代表する産業であった自動車業界やエレクトロニクス業界でも、時代の動きに対応できず、ヒット商品が出ずに長期低迷にあえいだり、場合によっては海外企業の救済を受けた会社があります。

したがって、**バランス感覚を持ちながらも、そのときそのときの時代に応じてうまく対応していかなければならないのが、私たちの仕事であると思います。**

しかし、どんな状況であっても、とにかく事業を継続していく、活路を見出していくという姿勢が私たちには必要であり、ちょっとしたことで落胆したり、思い詰めたり、投げやりになってはならないと思います。

常に柔軟な姿勢で、常に負けない決意で仕事をやっていく姿勢こそ、私たち一人ひとりに望まれる仕事の姿勢ではないかと思います。

使える名言

一歩一歩、約束した以上の実績を積み上げていく。長い目で見れば、それが成功するための唯一の秘訣なのだ。

——ハワード・シュルツ（スターバックスコーヒーCEO）

022

「今日より明日、明日より明後日」という未来志向でいこう

私たちには、常に未来を指向していく考え方が必要であると思います。

もちろん、過去を反省し、将来のことをうまくやっていこうとする考え方は必要です。しかし、「過去はあくまでも過去に過ぎず、未来はあくまでも未来である」という点において、私たちが頑張るべきところ、創造すべきところは、すべて未来にウエートがかからなければいけないわけです。

「今日よりは明日、明日より明後日」と常に未来を目指して、一歩二歩も前進していくという考え方が社員一人ひとりの気持ちの中になければ、企業は良い商品、良いサービスを提供していくことはできません。

特に、製品やサービスを創造する仕事において危険なのは、「今まではこういうものが売れてきた、こうやって成功した」という枠内に閉じこもって、まったく新しい観点から物事を見ることを忘れてしまうことです。

世の中の動きとは、予想もしない方向に行く場合もあります。そのような方向性について常にアンテナを張り、柔軟な思考を持って対処していかなければならないと思います。書店に行けば、未来を予測する書籍が多数発行されていますが、いかに専門家であろうとも将来を予測することはなかなか難しいわけです。

そのような意味で、私たちは仕事の現場から消費者の変化や世の中の動きを的確に感じ取ることが重要です。**自分の仕事については、そこらの評論家や研究者よりも最先端の動きを知っていたり、今後どのような方向に向かうかについて豊かな発想力を持って、新しいものを創造していく気力が必要です。**

私たち一人ひとりが仕事を通じて未来を語り、むしろ社会をリードしていく気概ややる気を持ってはじめて、会社は発展していきます。そして私たちも幸せになっていくことができるわけです。そのような姿勢で日々の仕事に臨みたいものです。

使える名言

未来はどういうものになるか？　どうやって私達は、それを創造できるか？　そして、自分の会社をどうその未来に集中させられるか、未来の創造を促進できるかを考えます。

——ラリー・ペイジ（グーグル創業者）

023

失敗することよりも、真剣でないことを恐れよ

何事においても真剣に取り組むことの大切さについては、みなさんもよくわかっていることと思います。

しかし、失敗することによって怖気づいてしまい、「失敗しないように適当にやっておこう」とか「これ以上は、危険があるから適当にしておこう」というような気分になることが往々にしてあります。

それは、上司や先輩の対応によっても決まります。部下や後輩が少しでも失敗したら、烈火のごとく怒る、汚点として後々までも口に出す、というような場合、部下や後輩は失敗を恐れて平凡な仕事をするようになってしまいます。

しかし、そんな職場は決してよくありません。**たとえ先輩や上司がどう思おうと、会社のためだと思ったなら、すべてのことに真剣にぶち当たっていく気概が必要である**と思います。それならば、失敗しても上司や先輩に理解してもらえると思います。

そして、上司の叱咤激励《しったげきれい》というものは、部下が今後二度と同じ失敗を繰り返さないための良きアドバイスであると心得ていなければなりません。
人間は叱るときには感情が入ります。感情を抑えて注意しても、大して効果がないからです。私たちも怒るときは感情が入ります。何事も真剣勝負である限り、そこには緊迫した空気が漂い、失敗や成功があり、喜びや叱咤激励が入り乱れて仕事が進んでいくのです。

一番いけないのは、失敗を恐れて、前へ進むことを躊躇《ちゅうちょ》したり、一つの問題について徹底的にやっていこうという真剣さを失うことです。

社会人になって、ビジネスのいろいろな壁にぶち当たり、「仕事はそんなに甘いものではない」と感じたはずです。厳しい社会の現実にはじめて遭遇したとき、後ろ向きになってしまいがちですが、そんな弱い心ではなく、前へ前へと進むような勇気とエネルギーを沸かせることが私たちの職場において一番望まれていることではないのでしょうか。

使える名言

君の魂の中にある英雄を放棄してはならぬ。

――ニーチェ（ドイツの哲学者）

024

「勝負は時の運」ではない。やはり実力が物を言う

「勝敗の分かれ目は時の運」とよく言われます。確かにそういうケースもあるでしょうが、それは実力が伯仲しているときに言えることであり、明らかに実力に差がある場合は運も何もあったものではありません。

どのような状況にあっても成果を勝ち取っていける、お客さまから支持を得られる商品やサービスを提供していく、その質を問われる時代に十分応えられるだけの実力を、私たちは身につける必要があると思います。

相撲で横綱と十両では、はじめから力の差は明らかです。勝負に勝つためには、横綱にふさわしい力を日々蓄えていなければなりません。勝敗とは「戦ってみてどうなるか」ではなく、「**戦う前から勝つことが決まっている**」ように努力したり、そういう製品やサービスを創る、ということが必要ではないでしょうか。

豊臣秀吉が戦に臨む際に、戦火を交える前に敵の大将と話をつけたり、内通者を作って

寝返らせて、戦わずして勝利を収めて日本を統一したことは有名な話です。

このように、戦ってもどうなるかわからない、やってみなければわからないというような仕事をしてはなりません。あくまでも結果を予測できるような仕事をはじめからやるべきであると思います。どうなるかわからないときは、「必ずこうなる」という見通しをしっかりと持てるまで、あらゆる準備や検討を重ねなければならないと思います。

「適当にやっていれば、なんとかなるだろう」というい い加減な姿勢からは、決して良い結果は生まれません。用意を怠りなくしたとしても、失敗を犯すことだってあるのですから、そのへんはしっかりしなければいけないと思います。

仕事はなるようにしかなりません。奇跡などめったに起きないことを承知して、しっかりと準備を怠りなくしていくことが必要ではないでしょうか。

使える名言

準備万端の人にチャンスが訪れることを幸運と呼ぶの。

――オプラ・ウィンフリー（アメリカの司会者）

025

わずか5つや6つの策で「万策尽きた」と思ってはならない

私たちは仕事で困ったときや壁にぶち当たったとき、その対策を考えます。しかし、5つや6つの対策が出てきても、その中になかなかいいものがなかったり、やってみたけれどもうまくいかなかった場合、「ああ、もう万策尽きた」とあきらめてしまいがちです。これはあまりにも安易ではないでしょうか。

自分のやっている仕事に問題が発生した場合、浮かんできた対策のアイデアをノートにいろいろ書き出してみましょう。人間の頭脳は無限大の可能性を秘めており、それこそコンピュータよりも数段すばらしい構造を持っています。

それは、**いろいろなものに触れることによって、アイデアや方策が浮かび、考え方が生まれてくるという点です**。

頭に浮かんできたアイデアを漫然と考えるのではなく、ノートでもメモ用紙でも結構ですから、どんどん書いていきましょう。

そして、それを一つひとつ点検し、そしてまた、新しい考えを浮かばせます。その無限大の考え方の中に実はすばらしい解決策が隠されているのです。

そして、**解決策を模索する過程で、まったく違うアイデアが生まれ、壁にぶち当たったり、苦しんだことがもっとすばらしい方策になり、次の新しい仕事を生み出していく要因になることを知っておきましょう。**

戦後の日本経済の歴史を振り返ってみても、石油ショック、バブル崩壊、円高円安、リーマンショックと大きな波が押し寄せてきましたが、企業はその度に対策を必死で練り、乗り越えてきたわけです。

私たちもどんな苦しいときでも、それをバネにして考えを尽くし、良い結果を生み出していきたいと思います。

使える名言

あなたができると思えばできる。できないと思えばできない。どちらにしてもあなたが思ったことは正しい。

——ヘンリー・フォード（フォード創業者）

026

何事も早くはじめることで活路は開ける

いろいろな仕事をする場合、果たしてうまくいくのかどうかということを延々と討議していてもはじまるものではありません。「**まず、やってみよう、スタートしてみよう**」という姿勢が、技術の分野でも、営業の分野でも大切であると思います。

とにかく、考えたこと、やってみようと思うことを怖れず臆せず実行してみる。人よりも早くスタートしてみる。それによってそれがうまくいくかどうか、あるいは、現在のビジネス環境の中で効果的なものであるかどうかということはすぐにわかります。

早くはじめればはじめるほどその結果も早く出てきますし、それに対する対策というものも早く考えられるわけです。

それを一人で考えてばかりいる、会議ばかり続けていては一歩も前進することはありません。〝机上の空論〟をいくつも並べたところで、それはまったく現実的なものではなく、そこから得られるものもそんなに大きなものではありません。

　しかし、現実にやってみて失敗して、またそれを踏み台にして、さらに次へのステップを踏んでいくことにより、私たちの仕事はより現実的な積み重ね、新しいアイデアを生むことで人よりも先に行くことができるわけです。

　良い仕事は決して安易なところから生まれません。たとえ難しかろうとも、大変であろうとも、一生懸命立ち向かっていくところに思わぬアイデアが生まれてくるものです。

　今この厳しい環境の中で、新しいことをはじめようとするのは非常に成功の可能性が低い仕事であるかもしれません。しかし、**あえてそこに立ち向かうことによって思わぬ可能性が広がってくるということはいくらでもあるのではないでしょうか**。

　今、不況業種とか成熟産業といわれるものはたくさんあります。しかし、その中で知恵を絞り、新たな市場を創出して、一人勝ちしている会社があるのも事実です。**創意工夫する**。これが自由主義経済の常であり、仕事の本質であると思います。

使える名言

スピードはきわめて重要だ。競争力に欠かすことのできない要素である。スピードがあれば、企業も、従業員も、いつまでも若さを保てる。

――ジャック・ウェルチ（元GE会長）

027

トラブルが起こっても、決して希望を失わずに頑張ろう

私たちの職場では、いろいろなことが起こります。せっかく納めた品物に大変なミスがあり、取引先からお叱りを受ける。昨日まで一緒に頑張っていた同僚が突然辞めてしまう。一生懸命やった仕事にハプニングが起こりとんでもない事態になってしまうなど、です。しかし、ビジネスにおいては、すべてがスムーズにいくと考えること自体、間違っているのではないでしょうか。大切なことは、**大きな問題が起きたときにいかに被害を小さく食い止め、次へのステップにしていくか**ということではないでしょうか。

マイナスをできるだけ少なくし、プラスを大きく生み出していく力に変える。このように逆風に強い自分と職場を作っていくことが私たちには必要なのです。

うまくいっているときは、「いけいけ、どんどん」でいくらでもうまくいくものです。しかし、その先には大きな落とし穴が待っているものです。その落とし穴に気づかずにいると、あるときとんでもない行き詰まりがやってきます。

したがって、私たちはうまくいっているときこそ、次に来る逆境への備えを行い、機敏に転換できるような気持ちの切り換えや行動を起こしていけるようにしなければならないと思います。今の良い環境がいつまでも続くと考えるのは賢明ではありません。

大きな波との戦いにいかに打ち勝っていくか、それをいかに乗り越えていくか、これこそが私たちに与えられたテーマです。

もっとも、ビジネスは辛いことばかりではありません。**その波を乗り越えていく過程で、私たちは仲間と手を取り合い、前進を誓います。そこに働く者としての喜びを感じるのではないのでしょうか**。ビジネス環境が波打つことなく常に平らな海であったなら、かえって私たちは仕事の醍醐味を味わうことができないかもしれません。

私たちはこれまでも様々な苦労を乗り越えてきました。これからも日々の仕事においてともに苦労を乗り越え、大きく前進していこうではないでしょうか。

使える名言

逆風は嫌いではなく、ありがたい。どんなことも、逆風がなければ次のステップにいけないから。

――イチロー（プロ野球選手）

028

目標のない仕事は、節目のない竹と同じである

中が空洞である竹は、実は大変強い力を持っています。台風で大木が倒れていても、竹はしなやかに左右に揺れて、多少の風で折れることはありません。それは竹には節目があり、力学的に全体を支えているからです。

私たちの職場においても、普段は楽しくやっていても、節目をきちんと作っていく。つまり、**結果を出していくことが大切であると思います**。

いくら「私は毎日残業して頑張っています」と主張しても、会社の業績が上がらなければ、私たちの給料やボーナス、その他の福利厚生は向上しません。

私たちが行う仕事の結果が、即私たち自身の生活の向上に結びついてくるのです。仕事は会社のために行うことですが、**自分自身のためにも、目標を立てて、その達成のために全力を尽くして、結果を出そうではありませんか**。

ただし、その目標も不可能なものであってはいけません。頑張れば達成可能な目標であ

るからこそ、一生懸命に頑張れるのです。「最初からそんな目標なんて無理だ」と思ってしまえば、前進は止まってしまいます。なんとか達成しようと創意工夫すれば、目標は意外と早く達成してしまうものです。

このように、仕事においては、**まず自分の決意を固めることが重要**です。早めに目標に向かって手を打っていくという前向き、かつアクティブな行動が要求されるのではないでしょうか。安易にあきらめてしまったり、易きに流れたりすることは誰にでもできます。

私たちは何かの縁でせっかく同じ会社に集まっているのですから、互いに良い待遇を受け、みんなで喜びを分かち合うためにも、結果を出すように頑張っていきたいと思います。

それが結果的に私たちの会社を強くし、成長させ、次への大きな飛躍をもたらすことになると確信します。

使える名言

人生で何かを達成したいと思うときは、積極的かつ攻撃的にならなければならないと僕は自覚している。

――マイケル・ジョーダン（プロバスケットボール選手）

029

過去の成功はすぐに古くなる。人生は終生勉強

私たちは毎日の仕事の中で、さまざまな問題にぶち当たり、その解決策をいろいろ考え、それを実践するなどの試行錯誤を繰り返しています。これは、私たちが仕事をやり続けていく以上は、絶えることのない課題であると思います。

もし私たちが、自分の勘やこれまでの経験に頼ったり、過去の栄光にあぐらをかいて仕事をしているだけなら、そこで私たちの力量や前進は止まってしまいます。

過去はあくまでも過去です。過去に良い仕事ができた、あるいは昔は儲かったと言っても、それはもはや現実のものではありません。**私たちが食べていくためには、これからの仕事の成果をどれだけ上げるかということが問題です**。

したがって、これからも仕事で成果をあげ続けるためには、新しい情報やスキルを常に身につけていくという姿勢が要求されます。そのために私たちは、日々学習しなければなりません。

もちろん学生ではありませんから、朝から晩まで机に向かって勉強することはできません。ビジネスの現場で求められるのは、目的意識を持った生きた学習です。

たとえば、昼休みに書店をのぞいてどんな本がベストセラーになっているかチェックする、街を歩いている若者のファッションや行動から彼らの思考を知るヒントを得る、通勤電車の中のふとした光景から世の中の流れを知るなど、いくらでもビジネスのための研究や学習のネタは転がっています。

大切なのは、意志を持って日々行動しているかどうかということではないでしょうか。目的意識のない行動は、良い結果を生みません。

そのような意味で、私達は常に前進し、学習していく気概を持ってやっていきたいものです。

使える名言

イヤならやめろ！　ただ本当にイヤだと思うほどやってみたか？

——堀場雅夫（堀場製作所創業者）

030

ビジネスにおいては、ときに自分の限界に挑戦することも必要

野村證券の創業者である二代目野村徳七は、「無謀な猛進は良くないけれども、必要な猛進はやらなければならない。なぜなら人間は神様ではなく、一定の限度があるからだ。その限度内でベストを尽くせ」と述べています。

今もなお日本の証券業界でトップに君臨する野村證券には、創業者のこのような烈々たる精神が流れているのです。仕事をする以上負けてはならない、成績を上げるためには限界に挑戦する、という社風があるからこそ、「世界の野村」になったのではないでしょうか。

このように、一つの企業が大きく発展する中では、単なるやる気ではない、限界に挑戦する精神が社員一人ひとりの中に脈々と流れているのです。

その脈々たる精神をいかに職場で実現するか、これは私たち一人ひとりの自覚の問題ではないかと思います。**ビジネスへの飽くなき挑戦の精神があってこそ、すべての問題はうまくいくと思います**。「これはできるかどうかわからない」「難しいから後回しにしよう」

などという考え方で取り組んでも決してうまくいくはずがありません。
どんなことでも限界ギリギリまで挑戦するところに、活路が見出され結果が出るのです。難しい壁であるほど、それを突き破るために力を蓄える、挑戦するのです。

どんなつらい状況にあっても、一歩一歩前進し、少しでも前へ進もうとする精神の中に、私たちは価値ある仕事、価値あるビジネスの創造ができるのではないかと思います。

そのような意味で、過去の成功者が自分に挑戦し、自分の限界に立ち向かって頑張ってきたことを考えますと、日本経済が発展してきた陰に、多くの人の努力があり、苦労があるということを改めて考えなければならないと思います。また私たちも歴史を作るために、自分の限界に挑戦し、頑張っていくところに仕事の醍醐味が生まれるのだと思います。

一人ひとりが自分なりに、自分の限界に挑戦するような前向きな考え方で仕事をしていこうではありませんか。

使える名言

己の限界を叩き壊して励むこと。これを挑戦という。

——孫正義（ソフトバンク社長）

031

毎日の仕事においては、「割り切り」や「思い切り」が大切

仕事においては、さまざまな問題が起こり、予想もしないようなことに遭遇しながら常に戸惑いを感じることが多々あります。しかし、人間のやっていることですから、すべてが予想通り、計算通りにいくとは限りません。

そのようなときの対応の仕方としては、割り切ること、思い切ることが大切なのではないでしょうか。

一つのことをずっと考えていたり、「これをやったら、どうなるだろうか」といった迷いがあると、結果的に物事はうまくいかなくなってしまいます。

うまくいかなかったときは割り切り、そしてチャンスがあれば思い切って挑む。このような考え方こそ、日々のビジネスをより的確に前進させ、小さなミスを小さくし、大きな成功を導くものであると思います。

世の中の移り変わりは、私たちが考えている以上に速いものです。それについていけな

い場合もあるでしょう。

しかし、必死にそれを追いかけ、挑み、「**日々是挑戦**」の気持ちで仕事をしていくことが、結果的に仕事にやりがいを感じ、うまくいくのではないかと思います。

ときには行き詰まることがあると思います。しかし、前進しなければ行く手を防ぐものはありません。前へ前へと進むうちに、そこに障害物があり、難問題が起こり、さまざまなトラブルが起きてくるわけです。

したがって、**壁に当たるということは、私たちが前を向いて進んでいる証拠であり、その壁を打ち砕く、飛び越える力を蓄えることが、私たちの力を倍増させていくことになるのではないでしょうか。**

そのように、日々のビジネスにおいては、あまり細かいことばかりに気を留めずに、思い切る、割り切る、という精神で頑張っていきたいと思います。

使える名言

「自分はできる」と信じなさい。そうすれば、目的の半分は達成したと言えるのだ。

——セオドア・ルーズベルト（アメリカ元大統領）

032

目に見える失敗や成功だけではなく、日常の仕事にも関心を払う

私たちは、仕事で成功をしたときは「これは良い経験である」とその成功を活かしてさらなる前進をしていこうと思い、失敗を犯したときは、同じことを二度と繰り返さないように、肝に銘じて頑張っていこう、と思います。

しかし、考えてみると、**経験とは、眼に見える大きな成功や失敗だけではありません。日々の小さな出来事をよく考えてみると、これも非常に貴重な体験です。**

その経験をうまく活かし、その中からさまざまな改良点や反省点を見出していく必要があると思います。

そのような意味で、一日の仕事が終わったとき、自分の仕事に対して反省し、白黒をつけ、明日の仕事につなげていかなければなりません。毎日の仕事を評価せず、検討もせず、惰性で続けていくと、やがて大きな失敗が心の中に巣食ってしまいます。そして、思わぬ大失敗を犯して、たいへん苦労することもあります。

考えてみれば、失敗はしないにこしたことはなく、会社に大きな迷惑をかけない方がベターなのです。そのためにも、毎日の小さな積み重ねを大切にし、不安な徴候があれば、先輩や友人のアドバイスを受けながら、失敗を未然に防ぐ心遣いが大切になると思います。**一日一日の体験を無駄にせず頑張っていこうではありませんか。**

失敗というものを分析していくと、必ず「あのとき、ああしていれば」というものが、心の中に残っているはずです。それを「なんとかなるだろう」「誰かがやってくれるだろう」という考えで仕事をしていると、誰もなにもやってはくれません。

あるニュースで、大手の石油会社の部長が、会社を揺るがすような為替取引の大損害を出しました。こんなことは、失敗として、経験にすれば良いというものではありません。絶対してはならないことであり、そのへんの立て分けが大切であると思います。

使える名言

小さなことでも気を遣うべきだ。小さなひびから、大きな船も沈むことになる。

——ベンジャミン・フランクリン（政治家）

033

一度取り組んだ仕事は、責任持ってやり遂げる

私たちは日常業務の中で、さまざまな難題に直面することがあります。与えられたテーマ、目標に向かって頑張るのですが、その時々の状況によってうまくいかない場合もあります。

そこで大切なことは、**どんなに辛い状況にあっても、一度決めた目標を絶対あきらめてはならない**、ということではないでしょうか。

「あきらめよう」という気持ちを抱けば、「目標を達成しよう」という意欲が消えて、悪いことばかり考えてしまいます。しかし、どんなことをしても目標を達成しよう、一度やりかけた仕事はやり遂げよう、という気持ちがある限り、思いがけない協力があったり、あるいは自分自身の中に知恵が浮かんでくることが多くあります。

「やる」という一念が仕事を前進させ、良い成果を得ることができるのです。

過去のいろいろな成功者が今日大きな事業を成しているのは、仕事上での修羅場をくぐ

り、有為転変を繰り返してきているからだということを忘れてはなりません。

私たちの中にも、頑張る人とあきらめる人がいると思いますが、勝敗とは、あきらめずに最後まで食らいついていく粘り強い戦いの中にあるのではないでしょうか。

とにかく失敗を他人のせいにしたり、周辺の状況のせいにしがちですが、いつの世もうまくいかないこともあり、状況の悪いときもあるのです。しかし、**どんな状況の中でも、決して希望を失わず、目標を全うしようという強い一念を持つことが、成功の道へつながる**ということを確認し、毎日の仕事をやっていきたいと思います。

結局、自分が取り組んだ問題は、最後まで自分が責任を持ってやっていかなければ、誰も助けてくれるものではありません。苦しんで、悩んで、やり遂げたところに、私たちは、本当の喜びを味わえるのではないでしょうか。勇気とやる気を出して、最後まであきらめない仕事をやっていこうではありませんか。

使える名言

人生における失敗者の多くは、成功の直前にありながら、それに気づかずにあきらめてしまった人たちだ。

——トーマス・エジソン（発明家）

034 仕事で問題点があったら、そこからスタートしよう

仕事をしていると、問題点ができたり、嫌なことがあったりするものです。しかし、大切なのは、そこで尻込みしてはならない、ということです。その問題点を解決することで前へ進む、という気持ちが大切なのです。

物事には節目というものがあります。節目とは、ある人にとっては仕事の失敗であり、また、ある人にとっては業績の低迷であったり、自身の病気であったりします。

しかし、それを嘆いたところで、どうなるものでもありません。

むしろ、**それを起爆剤にしてスタートすることが大切**であると思います。

走り続けることばかりが能ではありません。ときには給水し、ときにはペースを落として、自分のペースを守りながら完走することが必要です。

したがって、仕事の中でも、「休む」「一歩止まってみる」ということも必要であり、新たな気持ちでスタートのときを迎えるならば、今までになかったような仕事の発展もあり

得るのです。

何かあったときには、それをスタート台にしよう、出発時にしよう、といった考え方が大切になってくるのではないでしょうか。

常にスタート台に立つという精神こそ、仕事を永続させ、発展させていく大きな要因になるということを知っておく必要があります。

とかく私たちは、仕事に慣れてくると、手を抜いたり、油断が出たりするものです。しかし、そんなことをやっていると、必ず大きな失敗をするようなことになってしまいます。

仕事は、「**日々是反省**」という考え方が大切ではないかと思います。それがなければ、大切なことを見逃してしまいます。大きな問題があるにもかかわらず、それを解決しないで仕事を強行すると、必ず後で問題が出てくることは間違いないのです。日々新たな気持ちで仕事に臨み、慣れは絶対に許さないようにしましょう。

使える名言

自分自身に打つ勝つことこそ、人生において第一の、最も尊い勝利である。

――プラトン（哲学者）

035

何事も「もう後はない」という気持ちで取り組む

仕事を行うのに、漠然とした気持ちでやるのと、「**さあ、来い**」と腹を決めてやるのとでは結果がまったく違ってきます。

あるいは、一つの情報を聞いても、何かを生み出そうと一心に考えているとき、その情報は電撃のように頭の中を駆け巡り、思いもよらないアイデアが浮かんできたり、判断ができたりします。

「今日のことは明日やればよい」あるいは「いつか良くなるだろう」という考え方で仕事をしていても、決して良い仕事はできません。「**もう後はないのだ**」という、常に自分で自分を追い込んでいく姿勢を持ってこそ、良い仕事ができるのではないでしょうか。

ただボォッとしていては見えるものも見えなくなってしまいます。

同じ仕事をしていても、Aさんは常に良い考え方を持ってきたり良い仕事をする、一方、Bさんはアイデアを出さなければ建設的な意見も出さない。これは、明らかに仕事への心構えが違うわけです。

人間の能力とは、人によってそれほど違うものではありません。誰もが何かしら良いものを持っているわけです。

その良いものを持っている中で、力を発揮しながら他人にはない仕事をしていくというこどが、ビジネスに打ち勝って成果を上げていくために大切なことではないでしょうか。

自分一人ぐらいはいい加減にやってもいいと、みんなが思ってしまったらたいへんです。酒を持ち寄ったら全部水であった、という逸話がありますが、自分一人ぐらいは適当にやって良いという人が社内に蔓延してしまったなら会社はつぶれてしまいます。

私たち一人ひとりが「**自分は会社の顔なのだ、会社を代表しているのだ**」という立場で責任を持ち、命がけで仕事をしていく。それが結局みんなを幸せにし、会社が栄えていくことに結びついていくのです。

使える名言

熱意があれば、何でもできる。熱意は、あなたの希望を輝く星に昇華させる燃料のようなものである。

——ヘンリー・フォード（フォード創業者）

036

アイデアの種は頭の切り替えひとつで生まれてくる

仕事では、常に新しいアイデアを出していくことが求められます。**いろいろ考え、試行錯誤を繰り返しながら、一番良い方法を採って一つひとつの判断を下していく**ということが必要です。

「他人がやっているからそれを真似しよう」。これも確かに一つのアイデアかもしれません。しかし、そのような物真似思考が定着していくと、私たちの頭の中からは「何か新しいものを自分の努力の中から生み出す」という能力が次第に衰えていきます。

ある時点では、人の物真似をしても、それ相応の成果を上げることはできます。しかし、〝コロンブスの卵〟ではありませんが、人の思いつかないようなことを、ちょっとした頭の切り替えで可能にできるようになることがアイデアというものです。

そのアイデアは、ただボォーッとしていても生まれるものではありません。常に「**何かを生み出そう**」という強い意欲を持っていると、寝床に入っていたり電車の中で広告を見ているときなど頭が比較的リラックスしているときのアイデアが浮かんでくることがあります。そのような意味で、アフター5は会社や仕事のことはすっかり忘れて、家族と過ごしたり、遊びや自分の趣味に興じるということも結構です。

常にアイデアについて、自分が何かテーマというものを持っているならば、そのような自分の世界に入った後であっても、ふと何か良い考えが浮かんだりするものです。

社員よりも社長の方が会社のことをいろいろ考え、アイデアを出したりしてきます。これは何が原因かというと、会社を盛り立てていこうという責任感の強さにあると思います。役職や責任の重い人ほど、良い商品やサービスを作っていこうという意欲が強いゆえに、アイデアを生み出す機会も多く、結果的に良い仕事をしているわけです。

私たちも良い考えをどんどん進言し、実行し、そして大きな成果を得て、幸せを共有する職場にしていこうではありませんか。

使える名言

一番乗りは中味を得ることができるが、二番の人間が手にできるのは殻だけだ。

――アンドリュー・カーネギー（実業家）

037

困難を乗り越えてこそ、本当の生きがいを感じられる

いつも平々凡々であり、何をやっても大差がない。それほど工夫しなくても、自然と仕事がうまくいってしまう。こんな毎日は非常に退屈です。自分の存在感もありません。

しかし、仕事に取り組むとき、「たいへん困難である」「なかなかうまくいかない、どうしたらいいだろう」と思いながらもそれに立ち向かう。いろいろと研究し、努力したその結果、自分の努力が実って、大きな成果が得られる。このような困難にぶち当たって、それを解決し、一つの結果を生み出す。これが人間に与えられた大きな喜び、生きがいではないでしょうか。

人生において、自分の生き様や自分の存在感を知ることができるのは、苦しさを乗り越えて一つの光明を見出したときであると思います。

辛いときを乗り越えて生活が楽になる、そのときにはじめて頑張って良かった、ということになるわけです。しかし、最近のように、物は満ち足り、お金はある、あまり不足し

ているものはない、むしろ与えられ過ぎて飽和状態になり余分なところに不満が発生する、というような状況では本当の生きがいは見出せないのではないでしょうか。

あまりにも豊かになったため、その豊かさの恩恵を知り得ないのです。

しかし、「自分だけが食べられればよい」というものではありません。他人をも幸福にし、援助をし、そして互いに共存共栄をしていくという広い視野に立った生き方を身につけていかなければなりません。

そのような意味で、これからは違った意味で困難がやってくるでしょう。**その困難こそ、私たちの人間形成やビジネスで成功するための大きな試練である**と考え、前向きに取り組んでいけるだけの心の準備をしていきたいものです。

使える名言

何もせずすごす人生に比べれば、失敗に費やした人生のほうが、より価値があり、称賛に値する。

——バーナード・ショー（劇作家）

038
仕事上の心配や悩みごとは、新たな出発の転機となる

私たちは、日々の仕事において、すべてがうまくいくとは限りません。常に何か問題を抱えていたり、思わぬことが発生して悩んだり試行錯誤することがよくあります。

しかし、肝心なことは、問題が起きたときに「私には能力がない」「私はついていない」といった消極的な姿勢をとるのではなく、その問題に真正面から取り組んでいくために研究してみたり、先輩の助言を求める、といった積極的な姿勢を持つことだと思います。

何事も尻込みしていては解決の糸口はつかめません。積極的にその問題に対応していく、これがダメなら次、またダメならまた別の方法を考えるというように努力してみる必要があります。その中で、私たちはいろいろな体験をし、**結果的にその問題を解決することによって、新たな前進や成長を遂げられるのではないでしょうか**。

企業にとってこれからの経済情勢はかつての高度成長ではなく、不確実性の時代に向かいます。そのような意味から言うと、私たちの仕事もちょっと油断すればたいへんな状態

になる可能性があるわけです。

多くの企業が倒産している一方、人手不足という悪条件。これからの私たちの仕事は、ちょっとでも油断すれば悩みは増えるばかりです。しかし、悩みを悩みとして放置しておけば、悩みと心配の山に埋もれてしまいます。

したがって、**一つひとつ着実に物事を解決し、前進し、その喜びを味わおう**ではありませんか。

誰にも辛いときはあります。したがって、自分一人だけが被害者のような気持ちで仕事をするのではなく、誰でも通ってきた道である、給料をもらうためには、家族を養うためにはいろいろと辛いことがあるのは当たり前である、という気持ちで前に進んでいこうではありませんか。

使える名言

自分に対してひたすら正直になること、それは己を磨き鍛えることになるのだ。

——ジークムント・フロイト（精神分析学者）

第3章

社員のやる気を起こさせるための話

039 チャンスは常に身のまわりにあることを忘れないようにしよう

人間、会社にとってのチャンスと言えるものは常に身近なところにあります。

しかし、それがチャンスに見えないのは、私たちがネガティブな面ばかりに注目してしまうからではないでしょうか。

常に可能性を信じ、前向きな姿勢で物事をとらえ、人に接していくことによって、私たちはいろいろなチャンスをものにすることができるわけです。

もちろん、私たち一人ひとりの仕事における態度、コミュニケーションをより良くすること自体が、そこに人が集まり、仕事が集まり、そしてチャンスをものにできるきっかけを生むのです。

「自分だけ良ければよい」という考え、「他人をだます」という行動の中にチャンスがあったとしても、それを成就することはできません。

また、チャンスに関わるさまざまな情報も、やはり良好な人間関係や人脈の中から生まれてくるものであり、それが永続的に私たちの事業を伸ばし、競争に打ち勝っていくということではないでしょうか。

世の中では、たくさんの会社が生まれる一方、たくさんの会社がなくなっていきます。ある会社は半年ともたず、別の会社は何十年も経営が続いています。その差とはやはり、**いかに人間関係を大切にし、チャンスをものにしているか**どうかです。そのチャンスも時と場合によっていろいろな形態をとってきますし、時代に即応したものでなければなりません。

そのような意味で、私たちは常にアンテナを張り、〝ギブ・アンド・ギブ〟というスタンスで、お客さまに対して善意を持って接しましょう。そこに反対給付としてのチャンスが与えられるわけです。また、私たち一人ひとりがそのチャンスを確実にものにしていけるような、ヤル気のあるメンバーであってしかるべきだと思います。

使える名言

希望のあるところに人生がある。希望は新しい勇気をもたらし、何度でも、強い気持ちにしてくれる。

――アンネ・フランク（『アンネの日記』著者）

040

誰にでもチャンスは訪れる。チャンスをいかにつかむかが肝心である

誰にでもチャンスは訪れると言われます。他人にだけチャンスが回ってきて、自分に回らない、ということはありません。チャンスは誰にでも、平等に訪れるのです。

問題は、与えられたチャンスを確実に自分のものにしていけるかどうかです。

常に日々努力し、向上心を持っているときに、チャンスは見えてきます。そして、そのチャンスに対して、誠心誠意努力し、結果を出していくときに、それはさらに大きな広がりを見せ、成功への道を歩むことになります。

しかし、せっかくチャンスをもらっても、忙しいとか、時間がないとか、都合が悪いなどと言っていると、チャンスは逃げていってしまいます。そして、再びやって来ることはありえません。「自分には、さっぱりツキがない」「チャンスが来ない」と嘆いている人こそ、目の前のチャンスを逃しているのです。

今、何が大切なのか、どのような行動をとるべきか、ということを常に意識し、チャン

スを確実にものにしていく。その結果で楽しみを味わう機会を持つ。報酬としてご馳走を食べる。娯楽を楽しむ。これが私たちの生き方ではないでしょうか。

楽しいことを先に求めて苦労することを忘れた人生では、一生チャンスをものにできず、常に人の後を追いかけることになってしまうのではないでしょうか。

みんな苦しい中で頑張り、苦労し、今日があるのです。**人よりもいかに多く苦労するか。それが人よりもいかに豊かになるか、良い結果をもたらすか、ということにつながっていきます**。長い一生の中で、本当に自分のものにできるのは、自分の能力の範囲内でしかありえないのです。

そのような意味で、チャンスを確実につかむことのできる着実な仕事を日々やっていきたいものです。

使える名言

人間とは、思考の産物でしかない。人は自分の考えたとおりの人間になっていく。

——マハトマ・ガンジー（政治指導者）

041

自分の仕事が社会に役立つということを信じることが大切である

私たちは自分の仕事に対して自信を持ち、自分の仕事が社会にとって大切であるということを信じなければならないと思います。そうでなければ、自信のないものを相手に売りつけ、セールスしていることになります。

私たちの行っている仕事は、すべて社会のためであり、人々の生活を豊かにするためのものなのです。

また、そういう自信を持つためには、自分自身が仕事をしっかりと把握することが必要ではないでしょうか。

上司から教えられたこと、あるいはマニュアルを把握するだけでなく、自分は自分なりの情報を入手することによって、プラスアルファを加えることが必要です。

いわゆる受け売りではなく、自分なりの考え、自分なりの信念をいかに持つか。これが仕事を伸ばしていく、あるいは、相手との交渉の中で自分の話を聞いてもらえる最大の要因になると思います。

信じることは非常に大切なことです。なぜ今、世の中に多くの宗教があり、多くの人々が心を寄せているのかを考えると、それは信じることによって、力を出し、自信を持ち、希望を持つからに違いありません。

したがって、**私たちの仕事は、生活を良くすることであり、また、その自信と希望は良い成績に結びつく、ひいては会社に繁栄をもたらすことになるということをしっかり把握していきたいと思います**。

私たちは、社会との接点の中で仕事をし、その支持があって、はじめて食べていくことができるのではないでしょうか。自分だけ栄えれば良いという手前勝手な考え方では、誰も支持してくれないし、誰からも受け入れてはもらえないと思います。皆から受け入れられてはじめて、自分の生活があり、人生もあるのではないでしょうか。

使える名言

私たちの仕事は、何よりも、社会のためになるということを、第一に考えていかなければならない。

――松下幸之助（パナソニック創業者）

042

どれだけ心配りをしているかで、仕事の成果は変わってくる

私たちは人間にとっての心配り、配慮の大切さを認識しなければなりません。

たとえば、他人を無視した考え方で仕事をすると、チームワークが崩れてしまいます。互いの立場を考え、常に助け合い、激励し合う。そこにチームワークが生まれ、社内の雰囲気も良くなるのではないかと思います。

また、お客さまに対しても、ちょっとした心配りや親切心がたいへんな感激となって迎えられ、我が社のファンを増やすことになります。

「単なる一人のお客だから、どんなふうに応対してもよい」というものではありません。その営業の精神や仕事の精神は、すべての人に知れ渡ってしまいます。**悪いイメージは一度作られてしまうと、なかなか変えることはできないものです。**

また、私たちの一つひとつの行動は、それを受け取る人にとって、大きな印象となって残り、口コミという最も影響の大きい伝達法で社会に流れていきます。

したがって、私たちは一つひとつの行動や言葉、あいさつに至るまで、心配りを忘れることなく、常に細心の気持ちを持って行動することが必要であると思います。

また、常にそうであるために自分自身を訓練していく。日ごろから、〝いざ〟というときのために練習しておくことも必要です。

人間は自分の性格や言葉遣い、態度をなかなか直せないものです。しかし、**真剣に仕事に取り組もう、人生を良くしよう、会社を良くしようと考えたとき、その努力が報われないことはありません**。不可能というものはないはずです。努力して良くならないということはありません。

もちろん、それには時間がかかるでしょう。どれだけかかるかは、その人によって差があります。しかし、根底に心配りや親切心、誠意がある限り、人々には必ずわかってもらえますし、受け入れられていくものであるということを確信しています。

使える名言

もし、成功に秘訣というものがあるとすれば、それは他人の立場を理解し、その立場からも物事を見られる能力のことである。

――ヘンリー・フォード（フォード創業者）

043

イノベーションは、まず常識を否定して疑うことからはじめよう

世間一般の常識どおりに仕事をしているということは、ある面で非常に安心ですし、苦労もありません。

しかし、そのような姿勢からは、大きなヒット商品を生むとか、会社独自の主体性を持った発展はあり得ません。イノベーションと呼ばれるような革新的な仕事はできません。**現在あるものをすべて否定し、もう一度考え直して再構築していく**。その労作業の中に実は価値あるものの発見があるのではないでしょうか。

今元気のいいニュービジネスを見ていると、やはり今までになかったもの、今まで人々が求めていたけれども提供されていなかったもの、ちょっと頭をひねれば誰にも考えつくにもかかわらず誰も手がけていなかったこと、といったものが多いわけです。

このように、私たちは常に考え、そしてそれを否定し、新しいものを構築するといったイノベーティブな考え方を持つ必要があります。

上から言われたとおりの範囲内で動いていれば何も問題ないし、日々大過ない仕事になるかもしれません。

休まず働かず、こんなことをしていたのでは、税金で暮らしているお役所仕事ならいざ知らず、お客さまの微妙な反応と流行によって支えられる民間企業においては、たちまち墓穴を掘り、そして衰退していってしまうに違いありません。

常に新しい試みを、常に新しい挑戦をしていくことによって、私たちは存続し、繁栄していくことができるわけです。

そのような意味で、自己満足、自分の固定観念への安住は決して良いものではありません。新しいものを構築していくエネルギーを100パーセント発揮して仕事を進めていきたいものです。

使える名言

未来とは、予知しようというものではなく、自分で可能にするものだ。

——サン＝テグジュペリ（作家）

044

常に創意工夫をしていく姿勢を、仕事の楽しみとしよう

自分の仕事の中で「これで良いのだ」という考えが浮かんでくると、新しいアイデアや効率的な考えは、生まれにくくなります。自己満足や現状に安住する姿勢が、頭脳の構造をそのようにしてしまうのです。

「これ以外にもっと良い方法がないか」「もっと効率的な考え方はないか」と常に考えていくことで、私たちは今よりも一歩も二歩も前進した考え方を生んでいくことができるのではないでしょうか。

あのアインシュタインが相対性理論を生んだとき、夢の中でうつろなままにキーポイントになる解決策を見出した、というような話を聞きます。

それは、常日ごろどのような意識で仕事をしているか、ということが問題なのではないでしょうか。

常に問題意識を持ち、前進の意識を持っていれば、**ちょっとしたきっかけ、ちょっとし**

たキーワードで思わぬアイデアが浮かんでくるのです。

それを「仕事が終われば関係ない」と、受け身で仕事をしているだけでは、決して良い考えは浮かんできません。四六時中仕事について考えていれば、勤務中に最大の効果を上げることができるのです。そして仕事がうまくいき、前進する仕事、やりがいのある仕事ができることによって、自分の個人的な時間をより充実させることができるのではないでしょうか。

人生を楽しむ、仕事を楽しむ、ということは、すべてが前進していなければならないのです。

そのようなことを考えると、私たちは人生や一日の生活をトータルに考えて、常に前進していくための工夫をしていくことが自分を活かすことになり、人生を充実したものにすることができるのではないでしょうか。

使える名言

言葉は人の才覚を示し、行動は人の真意を示す。

――ベンジャミン・フランクリン（政治家）

045

みんながダメと言ったものに、実はチャンスがある

企業の経営や私たちの日々の仕事は、みんなが同じ方向に一斉に向かう、付和雷同して行う場合、大概うまくいかないものです。

私たちはどうしても、誰もが賛成するような、みんなが認めるようなことを考えてしまいがちです。というのは、みんなが安心するということは、すでに世の中においてたくさんの人が成功し、実証されていることが多いからです。

しかし、仕事や物の売れ行き、需要というものは、みんなが納得するようなときはもうすでに飽和状態、一つの峠を越えていると言ってもいいわけです。

そのように誰もが認める状況になってから、そのような方法を採ることは、決して将来にとって成功するものではありません。

まだ、海のものとも山のものともつかないようなときに、**誰もまだ体験していない、果たしてどうなるのかわからない、しかし、今までにない新しいものである、というものに**

ついて、あえてそれに挑戦していく。そのようなことが実は私たちのビジネスの現場において非常に重要になっているのではないでしょうか。

もちろん、それは無鉄砲なやり方ではいけません。当然ながら、確証あるリサーチや裏づけをとりながらやっていくわけです。

ある有名な経営者が「みんなが反対したらそれを実行せよ」と言っています。

みんなが反対するということは、まだ誰もその問題について知らないということであり、要するに誰もまだやっていない、もし成功するならば非常に大きなメリットがあり、先駆者としての収益のチャンスというものが大いにあるわけです。

このように、私たちは**常に新しいことへ挑戦し、新しいアイデアを生み出し、それを実行していく**という、日々新たなる挑戦の姿勢を貫いていく必要があると思います。

使える名言

みんなが賛成することはたいがい失敗し、みんなが反対することはたいてい成功する。

――鈴木敏文（セブン&アイ・ホールディングスCEO）

046

堅実な仕事は一点集中で、スピードアップを図る

厚い板に穴を開けようという場合、大きな鉄棒で穴を開けたらどうでしょうか。決してうまくいくものではないでしょう。もちろん、1年2年とその棒で摩擦を起こしていればいつかは開くかもしれません。しかし、そんなに待てるものではないはずです。

一方、キリで小さな穴を開けようとしたら、簡単に穴を開けることができます。要するに、力を一点に集中して行えば、速いということです。

たとえ人数は少なくとも、**一つの仕事や一つの重点的な問題に対して、すべての仕事を結集してやっていくからこそ、物事が着実に実現していく**のではないのでしょうか。

最初から大きな穴を開けようということは、最初から大きな収益をあげる、幅広く仕事を行うということです。しかし、最初から大きな設備投資をしたり、費用をかけたりして、それが失敗すれば元も子もありません。

逆に、小さなことで成功を積み重ねていく。そしてみんなの力を結集していくということ

とであれば、これは成功の可能性が非常に高くなっていくわけです。そのように、自分の力量、立場に応じた仕事のやり方、それを選ぶということは非常に大切であると思います。

しかも、確率というものを重んじ、確率の高いものを着実に積み重ねていくことが、ビジネスの世界においては要求されることではないでしょうか。

いつ成果が出るのかわからないことを毎日やっているのであれば、会社は倒産してしまいます。

いつ営業成績が上がるのかわからないことを急壮大な構想で大言壮語してやったとしても、それは決して現実的なものではありません。

私たちは、**それぞれの立場で最も得意な分野で自分の力を最大限に発揮し、みんなで討議し、良い案を出して、その良い案に集中してチームワークを組んでいく**ことが必要であると思います。

使える名言

成功のためにまず必要なこと。それは、問題に集中し、エネルギーを注ぎ込める能力を育てることだ。

――トーマス・エジソン（発明家）

047

仕事はやればやるほど、スルメのように味が出てくる

仕事とは、一見、それほど移り変わりのない、決まったものであるかのように私たちは考えがちです。

しかし、そんなときこそ壁に挑戦し、できないことを可能にする努力が必要です。そして、**その壁を乗り越えたときに、新しい世界が開け、新しい可能性が存在する**と思います。

新しい可能性を手にしたとき、仕事はさらにおもしろくなります。不思議なもので、前進していくと同時に儲かり、仕事の範囲が広がり、バラエティーに富んで、おもしろくなってきます。

仕事がおもしろくなるということは、結果が出る、儲かる、成功するということです。そのため、私たちは最初はたいへんでもいろいろと手を尽くし、ときには打ちひしがれながらも本を読んだり、先輩の声を聞くことを通して前進していくのです。

生身の私たちが、辛い状況の中で頑張っていくためには、先輩の応援や同僚の協力、同

業他社との協力関係が必要です。

そのような中で、仕事を一歩一歩前進させていく。**昨日よりは今日、今日よりは明日と、新しい創造を心がけていくところに、仕事の醍醐味が生まれてくる**のではないでしょうか。

野球でも、ゴルフでも、自分が新しい技術を身につけたとき、そこに無限大の喜びや楽しみがあるのです。また、山登りにしても「そこに山があるから登るのだ」と言う人もいますが、山の頂上に達したときにすばらしい景色を見た人でなければわからないと思います。エレベーターで登ったのでは、何の意味もありません。途中の険しい山を征服して、登りつめたときに、今までの苦労が嘘のように喜びに変わっていくのです。

私たちも、スポーツや山登りのように、ある点では辛いときを過ごしながら、新しい発見や征服した爽快感を味わいながら、仕事に対する喜びを感じ、次へと前進していけるような日々を送ろうではありませんか。

使える名言

楽しみながら仕事をすれば、苦痛を癒してくれるし、よい仕事ができる。

――ウィリアム・シェイクスピア（劇作家）

048

与えられた仕事を天分と心得て、そこでの成功をめざそう

最近の若い人たちには、少し勤めただけで「どうも自分には合わない」と転職してしまう傾向があります。しかし、転職した先でも不満が募り、また転職してしまう。これを何度も繰り返す、という人が多いようです。

考えてみれば、どんな職場にも良い点があれば悪い点もあります。１００パーセント自分にとってプラスとなる理想的な職場など絶対にありません。むしろ、自分自身の努力の少なさ、わがままが不満の原因の大部分と思われることもあります。

「七五三現象」という言葉もあるとおり、大卒新入社員の３割が3年以内に辞めてしまうようです。それは職業やビジネスに対し、安易な考え方で社会に出て来るからです。

本来、仕事とは厳しいものであり、決して逃げることのできないものです。大学では難しければ単位を落として他の科目で補うことも可能でしょう。あるいは80点を取れなくても、合格点ぎりぎりで卒業することもできます。しかし、ビジネスでは１００点満点を取

るために努力しなければなりません。80点ならば次は90点、そして100点。場合によっては120点。このように**努力する中に自分の成長があり、会社の繁栄がある**のです。

したがって、現在の自分の仕事に多少の不満があっても、ここは自分の骨の埋め所であると考えて必死になるところに己の成長があるのではないでしょうか。それを不満ばかり並べ立て転職を考えるようでは、いつまでも自分自身の成長はあり得ないと思います。

腰を据える。腹を据える。そこからすべては開けてきます。「心ここにあらず」で仕事をしたところで、どんな楽しいことがあるでしょうか。

とにかく、**与えられた仕事をやり切り、次に新しい仕事を与えられたらそこでまた頑張る。この積み重ねが、ビジネスパーソンの成長である**と思います。

会社のために、家族や自分のために心を定めていこうではありませんか。浮き草のような浮わついた考え方で仕事をしていては、決してうまくいくはずがありません。

使える名言

物事を成し遂げる人たちは、椅子に深く座って待っているということはまずない。彼らは外に出て、自ら行動していくのだ。

——レオナルド・ダ・ビンチ（芸術家）

049 腹八分目の成功で良しとすることが、新たなチャンスを生む

私たちは常に完璧主義になりがちです。100パーセント成功しないとなんだかうまくいったような気がしません。しかし、**今ビジネスは互いに持ちつ持たれつの関係です**。徹底的に儲けてしまう、あるいは徹底的に同業他社をやっつけてしまう。そのようなことをやっていると、いつしかしっぺ返しが必ず来ます。

争いごとのときに徹底的にやっつけてしまうと、いつか先方から嫌がらせを受けたり、あまり良くないことが起きたりします。

この世の中は妥協であり、先方にも一分の利をもたらす。そういう余裕が必要ではないでしょうか。そのような八分で我慢するという余裕を持つことで、多くのリスクを回避することができるわけです。

バブル経済のとき、銀行は「土地はまだまだ上がる」とそれこそ100パーセントの融資を堂々とやってきました。しかし、突然のバブル崩壊によって巨額の不良債権を抱えて

しまい、巨額の公的資金を注入されて、ようやく救済されたのです。

このように、最後の最後まで利を得てやろうと欲張ると、その先はがけっぷちです。まさに、奈落の底に落ちるような大失敗を起こすことになります。

私たちは**八分の利、八分の成功で福を収めるという謙虚な姿勢で、次の新しい仕事を見つけたり、成功や利益の道を探すという行動をとっていく必要があります**。

地道であっても成功の積み重ねこそが、最高のビジネスであると思わなければなりません。

失敗や成功の連続では、失敗の方が大きくなって、果たして得したのか、損したのかわからないような仕事になってしまいます。それよりも、**わずかな利であっても成功を積み重ねていく**。それこそ確実なビジネスであり、企業の成長であり、私たちの仕事であるべきではないでしょうか。

使える名言

「これだけでも十分ではないか」という、足るを知る心によって初めて、人間は幸せを感ずることができる。

——稲盛和夫（京セラ創業者）

050
与えられた仕事に全力を尽くせば、必ず財産となる

今日、ビジネスパーソンの会社への帰属意識は非常に薄れてきています。一つの会社に入って、居心地が良くなければ、いつでも転職すれば良い、とあくまでも自分本位であり、会社は単に生活費を稼ぐ場所になり下っています。しかし、こんな姿勢で成果を出せるわけがありません。

自分はこれからどんなビジネスをやっていくのかということを考えると、社長と同じ気持ちになってビジネスを行うという基本精神がなければ、決してうまくいきません。

すなわち、**自分の会社は自分のものである。そのために汗水流して、誠心誠意、与えられた仕事をやり遂げていく。この熱意が会社を良くし、結果的に自分も成長させるのではないでしょうか。**

会社を利用する形で仕事をしても、自分自身が信用されることもありませんし、仕事が楽しくなることもありません。勤めている会社に尽くすことによって、やがて自分にも、将

来、人を率いて会社を経営していくだけの能力や器が備わってくるのです。

そのような立場から、**今やっている自分の仕事はすべて自分の財産である、自分のためにあるのだ**、と考えてやっていきたいと思います。また、そのような人が会社の中に何人いるかによって、企業そのものの成長の度合いも変わってきます。

一人でも、二人でも、適当にやっていこうという人がいれば、それは単に一人、二人の問題ではなく、社内の結束を乱し、悪影響を及ぼしていくと考えなければなりません。

自分自身が、会社にとってある種のガンにならないよう、せめて先輩の後について、仕事ができる人間になっていきたいと思います。

どんな仕事をしたかということは、そのときはさほど大きな問題にはならないと思います。しかし、定年を迎えるようになって、私たちはきっちりと評価されてしまいます。そのときでは遅いと思います。

使える名言

下足番を命じられたら、日本一の下足番になってみろ。そうしたら、誰も君を下足番にしておかぬ。

——小林一三（阪急東宝グループ創業者）

第1章 厳しい環境で勝ち残るための話
第2章 目の前の壁を打ち破るための話
第3章 社員のやる気を起こさせるための話
第4章 自分をみがくための話
第5章 ビジネスの原点を思い出すための話
資料 月別朝礼トピック集

051

お互いの違いを受け入れられる、多様な個性を持った人間集団になろう

企業にとって一番大切なのは、そこで働く人たちの〝活力〟ではないでしょうか。

みんなが同じような考え方ややり方で、まるで型にはまったようなことをしていると、特色もなければ活力もない企業になってしまいます。

同じようなどんぐりの背比べの人が何人集まっても、あるいは同じような考えの人が何人集まっても、新しい価値観や新しい製品が生まれることは決してありません。

いろいろな意見、いろいろな価値観を持った人が集まり、そこで丁々発止と議論し、試行錯誤することによって、良いものが企業内から発信されていくことになるわけです。

そのようなわけで、私たちは、先輩後輩を問わず、**とにかく人の意見は聞く、尊重するという社風を作り上げていく**ことが必要ではないでしょうか。

もちろん、社歴の長い人が仕事において熟練していることは当然です。しかし、新しい感覚も、たとえ未熟であっても重要視しなければなりません。

新しい感覚を若い人から発揮してもらって、それを熟練したベテランが仕上げるという良いチームワークを築くことによって、商品やサービスがより有効で、価値あるものとして社会に提供されていくことになるわけです。

そのようなためにも、私たちは**共に互いの意見、特に異なった意見や反対意見を重要視する、活力ある人間集団になっていこうではありませんか**。

仕事の上で大切なことは、「**常に、好奇心を失わない人間であれ**」ということです。その好奇心から素晴らしいアイデアが生まれます。自分らしい仕事もできます。世の中の新しい流行に対して、「自分は自分」という殻に閉じこもってしまった狭い考え方では、決して良い結果は出てこないと思います。

皆がいつも目をきらきらさせながら、年齢に関係のない若さを保って、常に新しいものに挑戦する人間集団になっていこうではありませんか。

使える名言

人が集まってくることが始まりであり、人が一緒にいることで進展し、人が一緒に働くことで成功をもたらす。

——ヘンリー・フォード（フォード創業者）

052

「わが社はトップ」と思った瞬間から、衰退がはじまる

かつて、玩具メーカーであるバンダイの創業者である山科直治は、「自分の会社は業界でトップだとは思っていない。トップと思ったときから没落がはじまる」と言っています。要するに「初心忘るべからず、常に挑戦の心を持ちなさい」ということです。

かつてはゲームと言えば、プレイヤーが対面で行うものを指しましたが、現在はオンラインで世界中のプレイヤーと対戦することが可能になっています。

このように、時代は技術の発展とさまざまな付加価値の出現によってとんでもない変化が起こるのです。

したがって、現在、**私たちのいる立場がどんな位置にあるのか、そしてこれからどんなことをすべきなのかということを、常にテーマとして挑戦していかなければならないと思います。**

人が考えないようなこと、若い人が発言しているようなこと、そのような新しい、今ま

でになかったような視点を大切にしなければならないと思います。

そこに大きな成長の芽があり、時流に乗ったサービスや製品の開発が可能になってくるわけです。

「わが社はトップである、うまくいっている」と思った段階から衰退がはじまります。

たとえば、業界全体が売上向上しているときに現状維持をしているということは、川の中でじっと立っているに等しく、流れは先へ先へと行ってしまうわけです。自分は止まっているようでも、全体が流れているとき、それは衰退になるのです。

今、世の中のスピードは、技術革新やメディアの発達という面において、異常な速さで進んでいます。そのような中で、それに遅れず、むしろリードしていくような活力を、私たちは日々の仕事の中で見出していかなければなりませんし、そのように心がけていく必要があるのではないかと思います。

使える名言

不平はエネルギーだ。人間は不平がなければ、働く意欲を失ってしまう。

――小川栄一（藤田観光創業者）

053

事業とは、前進と後退の繰り返しである

事業とは、その環境によって「よかれ」と思ってやっても失敗する場合があります。また逆に、「これはだめか」と思ってやっても意外とうまくいく場合があります。要するに、完全に予測することはできないということです。

そこで**大切なのは、これは将来的にうまくいかないだろうと察知したときに、すばやく撤退できるか否かということではないでしょうか。**

だめなことをいつまでもやって、大赤字を作り、会社が倒れるようなダメージを作るよりは、一早く撤退するといった機敏さが必要です。

かつてのバブル経済においても、まだまだ儲かるのではないかと思っていた人たちが、〝ババ〟をつかみました。

人間の欲望は限りがありません。ビジネスの世界でも、投資の世界でも、できるだけ多く儲けようとして人々は失敗をします。これは仕事においても同じです。

「人より、少しでも多く儲けよう」「たとえ見込みがなさそうでも、もしかしたら万が一ということがあるのではないか」といったあいまいなやり方をしていると、それは事業ではなくて虚業であり、バクチという以外何ものでもありません。

それに対して、裏づけがしっかりしている、はっきりとした手ごたえがあるというものに対しては、徹底的に追及していく必要があると思います。

そのように、**前進と後退を常に意識しながら、後退は素早く、前進は勇猛果敢にしていくことが、私たちのビジネスの世界では必要ではないかと思います**。

いつでも、強気な姿勢であったり、常に弱気であったりということでは決してうまくいきません。そのときの状況に応じて、臨機応変に振る舞える私たちは、やはりそれなりの力や情報を身につけ、素早い対応が要求されることを肝に銘じておかなければならないと思います。

使える名言

少しでもよい方向がみつかれば、即刻変更したらよろしい。朝令暮改は恥ではない。柔軟さの証明である。

――安藤百福（日清食品創業者）

054

「ぜひともやり遂げたい」という願望を最後まで持つ

どんな仕事でも「自分はこの仕事をなんとしても成功させてみせる」という考えの人と、「できるかどうかわからないけれども、とにかくやってみるか」という考えの人とでは、結果に大きな差が出てきます。

これは「できるかどうかわからない」という姿勢には、「場合によってはできないかもしれないが、そのときは仕方がない」という甘えが最初からあるからです。一方、「絶対に成功してみせる」という姿勢には、「失敗は許されない、どんな苦労をしてもやってみせる」という決意が先にあり、強い信念と努力が込められています。

私たちの仕事は、「どうなってもいい、やってみてだめならそれでもいい」というものではありません。

毎期ごとに一定の利益を上げ、その中で会社が成長していく、会社が儲かっていく。その結果として、自分たちの給料が上がっていくということであるならば、失敗は許されません。目標は達成しなければならないのです。

したがって、「絶対成功させる」という願望を常に持つ。これこそが私たちの仕事の本筋ではないでしょうか。

「どうでもいいから適当にやろう」という人は必ず行き詰まります。そして、そんな人ばかりが集まった会社は、結局は競合他社に負け、ボーナスをたくさんもらえないかどころか出ず、給料も上がらず、結果として家族を喜ばせることができなくなってしまいます。

仕事は人のために働いているような感じかもしれませんが、**実は自分のため、自分の家族のために私たちは毎日働いているのです**。

仕事は自分のためにある、その結果もまた自分のためにはね返ってくるということを強く認識し、この仕事は絶対実現してみせるという強い願望を持つことが必要であるということをここで確認したいと思います。

使える名言

「きっと成功してみせる」と決心することが、何よりも重要だということを、心に刻み込んでおこう。

――エイブラハム・リンカーン（アメリカ元大統領）

055

一度転んでわからなければ、何度転んでもわからない

私たちは時として失敗をします。あるいは思い違いをしてとんでもないことをしてしまう場合があります。しかし、それは前向きな姿勢で仕事にあたった上のことですから、やむをえない場合もあるでしょう。

大切なのは、転んだり失敗したとき、その原因を徹底的に追及して、理解することです。それをないがしろにして、「どうせ仕事に失敗はつきものだ」「誰でも失敗するから自分も失敗してあたりまえである」という考え方だと、また同じような失敗を繰り返します。

仕事に性根《しょうね》を入れているか入れていないか、失敗に対してどれだけその問題を深く考えるかによって、仕事の成功と不成功は決まってきます。これは、どんなことでも同じです。

ある科学者が一つの実験を行います。ところが、一つの方法ではなかなかうまくいかないのでいろいろ試みますが、それでもうまくいかない。早く研究の解明に到達するにはどうしたらよいか。それは失敗した問題を一つひとつ解明し、その失敗の要因をはっきりさ

せ、次の研究に活かすことではないでしょうか。

私たちの日々の仕事においても、いろいろと失敗をし、うまくいかないことが多々あると思います。しかし、それを点検もせず、改めもせず、新しい試みも加えずやっているならば、決して前進はありません。やがては自信を失い、失敗の連続で同業他社にも負け、また自分の会社の成長にも役立つことができず、敗残者になっていくに決まっています。

したがって、私たちは、毎日の生活や仕事の中で大切に行動し、その行動の結果をチェックし、議論し、新しい創造をしていくように心がけていく必要があります。一つひとつの問題について常に点検していく、失敗を成功に変えていくという姿勢があるかないかによって、当然ながら結果も違いますし、早く成功を導くことも可能になってきます。

私たちは、失敗を単に笑い飛ばし、仕方がないことと忘れてしまうのではなく、貴重な体験としてそれを大切に活かしていくことを再認識していく必要があると思います。

使える名言

失敗とは、もっと賢明な方法でやり直すチャンスである。

――ヘンリー・フォード（フォード創業者）

056

ビジネスとは、決断することにほかならない

決断は、非常に勇気のいることです。なぜならば、決断することによって失敗する可能性もあるからです。AとBという選択肢があり、Bを選んだときに、後で「Aにすれば良かった」と考えることもあるでしょう。しかし、その決断の大切な要素は、私たちの日々の経験であり、研究であり、体験ではないでしょうか。いろいろな体験の積み重ねの中から、誤りのない決断ができるようになるのです。

また、さまざまな情報を自分の手に持ち、そのときの状況を的確に判断したときに、私たちは正しい判断や誤りのない決断ができるのです。

世の中が右を向いているのに、左の方に進む決断をするならば、まさに間違いであり、勉強不足であると言わなければなりません。

金利や景気などの経済環境や社会のニーズは常に変わっており、その変化に合わせてうまく活動していくことが、私たちの仕事のあり方というべきではないでしょうか。

いつも同じような、いつも決まり決まった方式でやっていけば良い、というものではありません。

どんなときでも誤った決断をしないように勉強し、研究し、情報を仕入れる。その努力のあるところに、私たちは間違いのない決断を下し、さらなる前進をすることができるのです。

よく言われるのは、「10人が10人とも賛成するようなことは、実行してはならない。逆に、反対の多いことこそ、実行に移すべきである」ということです。誰もが賛成するような、手垢がついた新鮮味も何もないような発想では、世の中の競争に勝てる価値あるものを作っていくことはできないわけです。

誰も考えつかないような、あるいは目の前にあったとしてもそれがヒントにならないようなことをしっかりとやってのける自分にしたいと思います。

使える名言

じっくり、よく考えろ。しかし、行動するときが来たら、考えるのはやめて、ひたすら進め。

——ナポレオン・ボナパルト（フランス皇帝）

057

仕事はすべて「先手先手」で、進めていこう

仕事において大切なことは、何事も先手先手を打っていくことではないでしょうか。仕事に締め切りがある場合、ぎりぎりになっても半分もできていない、というような人がいます。そういう人は、常に追いまくられ、先々の課題に頭を悩まし、その次にやるべきことになかなか手が回りません。

しかし、先々の仕事を常に自分の頭の中に入れておけば、あせることなく、間違わずに物事を進ませることができるのです。「先手必勝」という言葉があります。**一歩でも二歩でも先手を打っていく。そして速く仕事を片づけていく。これが間違いのないビジネスのあり方ではないでしょうか。**

私たちは生身の体です。いついかなるときに病魔に襲われるかわかりません。アクシデントに見舞われるかもしれません。そのとき「これこれの理由でできませんでした」というのは、社内的社外的に通用するものではありません。いつ、どんなアクシデントがあっ

ても、物事をきちんと実行していくだけの余裕を持っていきたいものです。

それは自己管理に他ならず、自分を律する厳しいコントロールがなければできません。自分を甘やかし、常に言い訳を探すような仕事をしていると、いつも追いまくられて、つまらない仕事になり、結果としてつまらない人生になってしまいます。

常に余裕を持って「次は何が来るのか」という体勢でいれば、私たちはいろいろな力を発揮し、楽しみながら仕事をやっていくことができます。

そのような意味で、仕事にはスピードも大切ですが、計画的にしっかりとした行程を組んで行うことが先手必勝につながるということを、肝に銘じておきたいものです。

よく「締め切りが来たらやれば良い」と考えている人がいますが、そんな考えでやっていると、後で必ずたいへんなことをしでかします。そんなことのないように何事も、早目が良いわけです。

使える名言

何をさておいても、準備こそが成功のカギである。

——グラハム・ベル（発明家）

058

仕事は自分で作るものであり、人から与えられるものではない

「自分は言われなかったから、やらなかった」「上司が指示してくれなかったからできなかった。もし指示をしてくれたらやったのに……」と言う人が最近多くなっています。

しかし、**仕事とは現場にいる人間が一番わかっているものであり、どう対処すべきかということは現場にいる人間が考えるのが最適なのです**。

もちろん、先輩の経験や広い視野は役に立ちます。したがって、可能であればその場で連絡するなり、相談するなりして、アドバイスを受けることが大切です。

私たちはビジネスという競争の真っただ中にいるのです。一人ひとりが頭を働かさず、人に言われたことだけをボーッとやっているようでは、決して良い結果は生まれませんし、自分自身の成長もあり得ません。

そして、私たちにとって、何が生きがいかといえば、自分の考え方や自分の意思が反映され、それが実ることではないでしょうか。人の意思で動かされるなら、ロボットでも済

みます。自分の意思と努力と考え方、アイデアで物事をやっていく。そこに自分なりの存在感が生まれてくるのです。これこそが仕事の醍醐味と言えるのではないでしょうか。

このように、**「自分は生きているのだ、頑張っているのだ」ということを毎日考えながら仕事をしていくことが、良い成果を生むことができるものであると思います。**

日々の仕事とは、そのときの状況によって、いろいろと打ち手が変わります。昨日と今日とでは、まったく反対のことをしなければならない場合もあります。

また、仕事の上でも「GOサインを出すのか、手を引くのか」といったことでも、「巨額な損失を被るのか、利益を得るのか」ということも当然あります。

顧客の選び方についても、「この人とはつき合いを適当にしておく」「この人とは徹底的にコンタクトをとっていく」というふうに、判断というものは非常に重要なものです。

使える名言

仕事に追い立てられてはいけない。自ら仕事を追い立てるのだ。

——ベンジャミン・フランクリン（政治家）

059

一日一日の努力を大切にすることが、将来の大きな果実を生む

私たちの仕事は、難しいこともあれば簡単なこともあります。うまくいくこともあればうまくいかないこともあります。まさに「山あり谷あり」と言えるのではないでしょうか。しかし、どのような状況におかれても、私達は一日一日、その場その場で全力を尽くしていく姿勢が大切なのではないかと思います。

状況の悪いときに、いくら慌てても、仕方のないことです。しかし、後で悔やむことのないように、最大限の努力をしておくことが必要です。その努力とは、状況が良くなったときには、必ず良い布石となって生きてくるに違いありません。

状況の悪いときにいろいろ勉強したり、調査したり、それなりの方法で努力している人は、運が向いたときに一気に実力や布石を生かして成績を上げていったり、仕事を伸ばしていくことができるのです。

そのような意味で、**私たちにとって一日24時間のうち、むだな時間はないのです。**

もちろん、働く日もあれば休む日もあります。しかし、それはそれなりに、有効に使っていく精神が生きがいを生み出し、やりがいが出るのではないでしょうか。暗く考えれば、物事はどんどん後退してしまいます。すべて明るく考えていく、良くとらえていく。辛いときは、試練や飛躍のときであると思えば将来は良い方向に行くに違いありません。

このように、私たちは一人ひとり常にベストを尽くしていこうではありませんか。

どんなスポーツでも、うまくいくときといかないときがあります。その日の調子で、どうにもならないときもあります。しかし、**調子の悪いときでも、いい加減なことをせず、最大の努力をすることが次への勝利につながるのです**。

したがって、私たちは常に明日の勝利を確信し、一日一日の戦いがすべてその日のためにあるという認識に立って、頑張っていこうではありませんか。

使える名言

一日一日の積み重ねが5年後、10年後には大きな成果を生むことになる。一日一日を懸命に生きれば、未来が開かれてくるのである。

――稲盛和夫（京セラ創業者）

060

「ワーク・ライフ・バランス」は大切だが、やはり仕事を通して成長しよう

今世の中では「ワーク・ライフ・バランス」、つまり働くことのみではなく、生活を楽しむことこそが人生であるという価値観が若い人たちを中心に広まっています。

確かに、働き過ぎで過労死していくような人生は決して良いとは言えません。かつて日本人は「働き過ぎだ」という批判が外国からありました。しかし、それは、日本が繁栄していたから批判されたわけであり、今後も日本が繁栄し続けていくという保障は必ずしもありません。また、自分の働く会社がいつまでも良い状態が続くという保障もないわけです。

毎日毎日必死に努力し、そしてその努力の成果をバネにして、生きがいにしてこそはじめて良い待遇が得られ、仕事の楽しみの中から余裕を見出して趣味を満喫するといったことがあり得るのではないでしょうか。

まず、**稼ぐということ、仕事をやり切るということを成し遂げて、その上で楽しんでこ**

そ、土台のしっかりとした人生設計が成り立つのではないかと思います。世の中が不景気で、給料もボーナスも出ない状況の中で、楽しい人生や生きがいというものはあり得ないと思います。そのような意味で、仕事をまずきちんとやり切って、仕事の中に喜びを見出して、そこから得た給与やボーナスで自分のやりたいことをする。そういった手順を間違えないようにすることが必要ではないかと思います。

多くの先輩たちが作ってくれた道のりを自分たちもしっかり守りながら、次の世代にこの繁栄を続けていけるように頑張っていきたいものです。

最近、定年前に職場を離れる傾向が多くなっています。年をとって大切にされるか、あるいは邪魔にされるかは、現在の自分の生き方によるのではないでしょうか。無責任な人生観からは、他人から頼りにされるような一生というものは、生まれようがないではありませんか。

使える名言

喜びは仕事の中にある。何かをやり遂げたという実感がなければ、幸せを感じることはできない。

――ヘンリー・フォード（フォード創業者）

061

働くことは人間の大切な欲望であり、大きな喜びである

私たちは毎日夜遅くまで仕事をし、たいへんな問題を抱えて頭を悩ましたり、駆けずり回ったりしています。ときには上司から叱られたりもします。

では、そのようなことから解放されて、毎日が日曜日になったらどうでしょうか。定年を迎えた人たちが第二の人生を考えるならよいでしょうが、第一線で働く私たちにとっては、生きがいを失うことになりはしないでしょうか。

「**仕事を通して社会における自分の役目を果たしたい**」ということも人間の大切な欲望の一つであることを知っておかなければなりません。

毎日遊び呆けていても、決して楽しいものではありません。第一、お金が続くわけがありません。人間は社会の中で何かに貢献する、企業の中で貢献する、そして、その連帯感の中で幸福を感じるのではないでしょうか。

したがって、働くことは私たちの大切な欲望の一つなのです。働いてお金を稼いで、成

功して、そこに喜びを感じることが、一番大切なことであるということを認識したいと思います。そして、その仕事の成功の陰に家庭があり、レジャーがあり、楽しい人生があるのではないでしょうか。

会社で力を発揮していく、転職をくり返してキャリアアップする、自分で独立開業するなど、働き方にはいろいろなタイプがあると思います。いずれにしても仕事で苦労する、頑張るということは、私たちの人生の中で大切な要因になってきます。

長い人生の中で、私たちは仕事に対して、「自分の欲望のために働いているのだ」「自分が必要だから働いているのだ」という考え方に立っていけば、決して辛いものではなく、不平不満が出るはずもないと思います。

状況は考え方一つで変わり、前向きに、より自分のためにあるということを考えていきたいと思います。

使える名言

怠慢は魅力的に見えるかもしれないが、満足感を与えてくれるのは働くことだ。

——アンネ・フランク（『アンネの日記』著者）

062

熱意とは自分の腹から湧き上がるものであり、人から与えられるものではない

「人から言われないとヤル気にならない」という甘い考えを持っている人がいます。しかし、この世の中は厳しいものであり、一人ひとりの競争も厳しく、うっかりしているとどんどん追い抜かれてしまいます。いくら「あの人は性格がいい」「あの人は公平だ」と言われても、仕事の実績を上げられない、リーダーシップがとれない人は、結果的に後輩から追い抜かれ、寂しい中年になってしまいます。

若いときは遊びのリーダーとなり、ある意味では人気者になるかもしれません。しかし、中堅社員となっていく人に求められるのは、その仕事をいかに専門的にこなせるか、高度な仕事ができるかということになってきます。後で気がついても、もう遅いわけです。

私たちは、**20代、30代で大きくその実力を伸ばし、競争に打ち勝っていけるだけの力をつけなければなりません。**

そして、30代後半になっていよいよ後輩をリードし、会社をリードし、力のある押しも押されぬ人材になっていくわけです。これは他人から教わるものではなく、自分のエネルギーで学ばなくてはならないわけです。

そのような意味で、私たちは常日ごろからいろいろなものを見て、いろいろなものを教わり、内から湧き上がる、ふつふつたる生命力をたぎらせるような人間になっていこうではありませんか。

人から言われ、人から叱られ、後れをとってはじめて気がつくような人間にはなりたくありません。**大切なのは、心の中に秘めた闘志であり、努力への意気込みであり、負けてなるものかというその精神ではないかと思います。**

私たちがビジネスで元気が出るのは、何事にも勝つこと、良い結果を出すことではないでしょうか。そこに、本当のやりがいも出てくるというものではないかと思います。

使える名言

成功の第一の秘訣は、情熱にある。

――ウォルター・クライスラー（クライスラー創業者）

第4章

自分をみがくための話

063

先見性だけでなく、実行力を身につける

今の世の中は、速いスピードで進み、価値観も多様化しています。そのような中で、私たちは今後どうすべきかについて、いろいろな将来の予測、計画を立てています。

一人ひとりが自分の仕事について、先見性をしっかり持つことは、ビジョンを持って仕事をしている証拠であり、絶対に必要なことです。しかし、**たとえ先見性や予測を持ったとしても、それを実行に移さなければ何の役にも立ちません。**

「こうすればうまくいくんだが」と思っていても、それを実行しない人が多いのです。

理屈だけはわかっている、理論だけはわかっているけれども実行が伴わない。まるでペーパードライバーのように、試験だけは受かったが結果を出さない、それを活用することができないのでは何にもならないと思います。

いわば頭でっかちとでもいいましょうか、理屈はいくらでも述べられても、汗水たらし、足を棒にし、徹夜をして一つの仕事を成し遂げる。また、対人関係において折衝して成功

に導くといった、まさに丁丁発止と渡り合いながら、1つのものを形にしていくことは、ビジネスの世界の醍醐味です。

いくら理論がわかり、先がわかっていたとしても、それを結果に出せないような弱い心であってはならないと思います。

とにかくわかったら即実行、実践する。そこに新しい発見があり、新しい自信がついてきます。実践力の伴わないビジネスはなんの意味もありません。また、口ばかりで仕事をしない人は、会社にとっては時間つぶし、給料泥棒と言ってもよいでしょう。

このように、会社にとって大切なことは、はっきりとした結果を出す、会社にプラスになる成果をもたらす。これ以外にありません。

それこそ、胸を張って給料をもらい、家族を養っていける人間になっていくことができるのではないでしょうか。

使える
名言

歳を重ねるにつれ、その人が何を言ったかではなく、その人が何をしたかに注意を向けるべきだ。
——アンドリュー・カーネギー（実業家）

064

大いに喜び、大いにありがたがり、そして大いに感謝しよう

私たちが、一つひとつの仕事において喜びを知り、「ありがとう」と感謝をし、相手に誠意を持ってあたるならば、「この世の中はすばらしいものである」と言ってよいのではないでしょうか。

どんな小さなことも、大きな感動を持って迎える。そして、それに感謝するという気持ちがあってこそ、仕事は楽しくなり、生き生きとしてくるのではないでしょうか。

「少しくらいのことでは、なかなか喜ばない」「あたりまえである」と相手の誠意についてもなんら対応しようとしないやり方は、応援者を遠ざけ、一人ぼっちになってしまいます。

小さな親切と感じても、相手にとってはたいへんな労力で対応してくれているのかもしれません。感動するときには、大いに感動しましょう。感謝もしましょう。

私たち一人ひとりのこのような態度がビジネスの大きな飛躍となることを考えなければなりません。

そして、相手に対して誠意を尽くしたり、仁義を持って対応することが相手からの信頼を得、次に大きな仕事の場を与えてくれることにつながるのではないかと思います。

いくら親切にしても、ちっとも感動しない、ありがたい顔をしない能面のような人間であったなら、次に良い機会をつかまえることは、難しいのではないでしょうか。

しょせん人間の世界です。大いに感謝し、大いに喜び、大いに感謝しようではありませんか。それによって、取引相手も私たちに良いチャンスを与えてくれます。そして、それが良い人間関係となり、その中で頑張っていくところに本当の仕事の楽しさ、ビジネスの楽しさ、生きることの喜びが湧き上がってくるのではないかと思います。

人の悪口を言っていると、人間は必ず堕ちていく。逆に人の良いところを評価していけば、自分も上昇していくといわれます。感謝や人を誉めることを覚えて、大いに栄えようではありませんか。人間、自分一人では生きられないのですから。

使える名言

感謝の心が幸福の呼び水なら、素直な心は進歩の親であるかもしれない。

――稲盛和夫（京セラ創業者）

065 人間とは平等であって、平等でない

私たちビジネスパーソンは、人間としては皆平等です。

しかし、我が社内においても、平社員がいて、課長、部長がいて、そして取締役、社長がいるように、立場によって責任の重さは違います。また、待遇も違います。

したがって、それぞれの立場においていかに頑張っていくか、お互いの立場を認識してその責任の重さをどう受け止めていくか、ということが大切であると思います。

「自分は平社員だから、平社員なりのことをやっていれば良い」と思うのは大間違いです。会社に組織があるように、課長、部長そして社長へと、私たちの道は無限大に広がり、上司からは一人ひとりの成長を期待されているのです。

ある意味では平等であり、人間としては皆、尊厳されなければなりませんが、**仕事の業務においては格差があり、その格差に応じて仕事をし、その格差を打ち破るようなエネルギーを持って仕事をしていかなければならないと思います。**

もちろん、企業自体においても、大きな会社、小さな会社、いろいろな格差があります。しかし、大きな会社が必ずしも儲かっているとは限りません。小さな会社だからといって、不利であるとは限らないのです。

「自分の器の中で最大限努力し、最高のビジネスをやっていく」ということが大切で、場合によっては、**「小であっても大を抜く」**ということは世の常です。

昨日まで栄えていた会社が、ある日突然倒産することは、日常茶飯事になっています。私たちの会社も、今良いからといって、明日も良いとは限らないのです。日々の努力の積み重ねこそが、会社を安泰させ、発展させることができると思います。一人ひとりの社員が心を緩めることなく、毎日一生懸命にやっていく。上へ上へとはい上がっていくエネルギー、迫力を備えていくことが大切であるということを肝に命じなければならないと思います。

使える名言

常に必要なことは、己の無知を明確に自覚することである。

――チャールズ・ダーウィン（自然科学者）

066

「お金」が働く目的であってはならない

販売業の企業、たとえば不動産や車といった業界においては、営業マンの売上に対して高い歩合給が支払われることが多くあります。しかし、不思議と小さな会社ほど歩合給の度合いが大きく、会社の規模が大きくなるにしたがって、歩合の度合いが少なくなります。

この要因として、ある会社の社長は、「歩合給にすると、自分のことばかり考えてお客さまや会社、同僚のことをあまり考えなくなる。このようなモラルの低下は、会社にとってもマイナスになる」と言っています。

確かに、歩合給とは「売れば売っただけお金が入る」ことですから、お客さまに無理強いをしたり、信頼のおけない行動をとったりすることがあります。したがって、歩合給とは、本来は好ましくないのです。

しかし、歩合給であろうと、固定給であろうと、**「お金に釣られて、お客さまの事情を軽視する」という姿勢は、あまり良いことではないと思います。**

どのような給与体系であろうと、自分が生活できるだけのお金がもらえる以上、その会社で誠心誠意働く。それによって、お客さまにも喜んでもらえるという姿勢が5年、10年経ったときに自分を光らせ、立場の上でも上に昇って、しかるべき地位を与えられることになると思います。

自分の利害得失だけでなく、広く周囲を見渡し、会社を見て、社会を見て、焦らず、じっくりと己の信念に基づいて、しっかりとした仕事をすることが必要ではないでしょうか。

先日、自分よがりの営業マンに出会って、たいへん不愉快な思いをしました。一時的にうまくいかないからといって、それを顔や態度に出すような人間になってはならないと思います。そんなことでは、自分の周りには誰もついてこないし、広がりのある仕事ができるわけがありません。

使える名言

単なる金儲けは昔から嫌いだ。何かをしたい、何かを作りたい、何かを始めたい、昔から金はそのために必要なものでしかなかった。

――ウォルト・ディズニー（ウォルト・ディズニー創業者）

067 「人のために」働くことを心の支えにする

私たちは、自分のよって立つ姿勢を第一に考えなければならないと思います。自分はいかなる姿勢で仕事にあたるか、さまざまな問題に対処していくか、そのような場合、やはりこの「人のため」という姿勢は大切なことだと思います。

人のために働く。人のために役立つ。その行動がいずれ自分に返ってくるのです。世の中はよくできたもので、**自分が人に誠意を尽くした分だけ、人から誠意が戻ってきます**。汗水たらして働いた分だけ給与が増えるようになっています。

しかし、最近では、そのような基本的な原則を忘れて、ピストルで強盗に入ったり、深夜のコンビニエンスストアを襲ったり、お年寄りを騙してお金を得ようとする人が増えてきています。そのようなことをして、決してうまくいくわけがありません。

楽して金を手に入れようという気風がはびこり、そのような人たちが増えていることはまことに悲しむべきことです。

そのような事件を起こすことは、単に自分の人生を台無しにするだけでなく、親子兄弟や一族を巻き込んで、多くの人に迷惑をかけることになります。

少なくとも私たちは、**自分の人生において、人に迷惑をかけないと同時に、人にプラスを与える、人を慈しむ、社会に対して貢献するといった考え方がなければならない**と思います。

そして、そのような姿勢でどんな困難に対しても、常に前向きで立ち向かっていく。その中にこそ、新しい創造が生まれ、価値が生まれ、自分の困難を解決していく力が自然と湧き上がってくるのではないかと思います。

また、そのような姿勢で仕事をしている人に対しては、自然と応援者が現れ、成功への道へと上っていけるような環境が作られてくるのではないかと思います。

使える
名言

目的を見つけよう。手段はあとからついてくる。

——マハトマ・ガンジー（政治指導者）

068 思いやりの心を持つことが、良好な人間関係の秘訣

良好な人間関係とは、互いが互いを思いやり、相手の考え方を尊重するところから生まれるのではないでしょうか。

会社とは、収益を目的とした集団です。

したがって、**互いに気持ちよく話し合い、助け合い、関わり合っていくところにより、良き商品やサービスが生まれるのではないでしょうか**。

私たちは生身の人間であり、すべて完璧の人ばかりとは限りません。

一人ひとりを見てもわかるように、欠点もあれば長所もある、未熟な点もあれば卓越した点もある、というふうにそれぞれがいろいろな特徴を持っていると思います。

それは人の見方であり、どのように考えていくか、どのような観点で見ていくかによって、一人の人間は悪くもなれば良くもなってしまうものです。

とかく私たちは人の欠点をあげつらい、批判することばかりに喜びを感じがちですが、そ

のような生産的でないやり方、考え方で社内の人間関係を作っていくことは決して良いとは言えません。

互いに相手の良い所を引き出し、そして共に建設的な意見の組み合わせによって、思ってもみないようなアイデアを生み、新製品を開発し、社内の活気をよりすばらしいものにしていくことが、私たち一人ひとりに課せられた使命ではないかと思います。

そのような意味で、考え方はいろいろありますが、やはり前進的な方向、より建設的な方向にもっていくこと自体が、共に職場で幸せに、気持ちよく働くことができるのではないでしょうか。

人間、自分のことばかりではなく、相手の身になることによって、はじめて自分も浮かばれるということを頭に入れておきたいと思います。それがこの世の中を上手に生きるコツではないでしょうか。

使える名言

私たちはいわば二度生まれる。一度目は存在するために。二度目は人として生きるために。

——ジャン＝ジャック・ルソー（哲学者）

069 他人に欠点を指摘される前に、気をつけよう

私たちの仕事は、自分では完璧であると思っても、他人から見れば欠点や穴だらけであったり、気がつかない点が非常に多くあります。

私もかつて、問題を先輩や同僚から指摘されると、ついカッとなって、「そんなことはわかっている」と言ってしまったことがあります。

しかし、自分の悪いところは意外と見えないものです。第三者から見たときに、「これはあきらかに問題である」「間違っているのではないか」ということも少なくありません。私たちは、聞く耳を持つことが大切であると思います。

他人の忠告や注意に対して、謙虚に耳を傾けることが自分自身を成長させることになります。それを感情的になって反発したり、受け入れずにいれば、次第に友を失い、良きアドバイスをもらえなくなってしまいます。

したがって、私たちは仕事の中でいろいろな問題が発生する際に、まず相手の意見を聞

く、相手の反響を聞く、というように謙虚であるべきだと思います。その上で、受け入れるべきことは受け入れ、解決方法がわかったときには、そのように行動すればよいのです。

要は、唯我独尊《ゆいがどくそん》、自画自賛のビジネスをしてはならないということです。

自分一人で、独立独歩で仕事をしたところで、うまくいくものではありません。仕事とはチームワークであり、協力であり、輪をもって前進していかなければならないのです。

多くの人が集まっているから会社であり、職場なのです。一人でやっているのであれば職場である必要はないのです。独立して自分一人の手で食べていけばよいのです。

会社である以上、チームワークを重んじ、人の意見を聞けるような自分自身をつくりあげ、より良い人間関係を心がけていくことが大切であると思います。

人から何か指摘されると、すぐにふくれる人がいますが、こんなことはこの世の中は通用するものではないと思います。謙虚な姿の中から、はじめて自分も浮かばれるわけです。

使える名言

欠点のない者は、ほとんど見るべき長所もないというのが、私の人生経験からわかったことである。

――エイブラハム・リンカーン（アメリカ元大統領）

070

成功する人は目標があるからこそ、困難を克服できる

日々の仕事の中で、誰しもいろいろ迷いがあると思います。

当然私にも迷いがあります。しかし、大切なことは、迷いに迷って無駄な労力を使い、それが仕事にマイナスを与えてはいないかということではないでしょうか。

世の中のさまざまな成功者を見ていると、一つの仕事に取り組んだからには、その仕事が成功するまで、いろいろ試行錯誤を繰り返しながら、徹底的に邁進していきます。

たとえば、売れなければ、商品を持って一軒一軒回る。また、商品に魅力がないなら徹底的に改良する。宣伝が足りなければ徹底的に宣伝する。このような方法を講じて、次第に目に見えない努力が功を奏して大きく成長しているのです。

今、大企業と言われているたくさんの企業の歴史を見ると、はじめは小さな商店であり、小さな町工場だったのです。しかし、創業者、及びその下で働いていた人たちの熱意と努力によって今日大きく発展しているのです。

私たちも一人ひとりが創業の精神に立って、たとえどんな困難があろうとも、そこで決して屈せず、最後まで努力を続けていくことが、仕事の成功の道ではないかと思います。**迷わず、自身を失わず、常に前を向いて必ずやってみせる、という信念を持つことが、私たちのビジネスの現場における大切な姿勢ではないかと思います**。

大切なことは、働いている立場として、長期的な目標をどれだけしっかりと持っているかではないでしょうか。目標がなければ、決して目的地に着くことはありません。たとえ着いたとしても、たいへんな遠回りになってしまいます。

一日一日、着実にやっていくことで、私たちの仕事は、身のあるものをつかみ、そして、目標の完遂が可能になってくるのではないかと思います。目標がなければ、結局は迷ったまま暗礁に乗り上げると思います。これでは、仕事の喜びはありません。

使える名言

よく人は「私は本気でやっている」「真剣に取り組んでいる」という言葉を口にする。だが、結果の出ない本気や真剣さは本気でやっているとは言えない。

——鳥羽博道（ドトール・コーヒー創業者）

071

小さな枠の中で、物事を考えてはならない

仕事とは、広い視野を持ち、柔軟な姿勢でやっていくことが必要であると思います。一日たりとも止まることのない世の中の流れを考えたとき、小さな枠の中でまさに「井の中の蛙」のような考え方で仕事をしていると、決してうまくいかないと思います。

自分だけの固定観念にとらわれた考え方で仕事をすると、その仕事ができ上がったときには、世の中のニーズにまったく合わない仕事になってしまいます。

常に周りを見渡し、情報を入手し、広い視野と柔軟な姿勢で仕事をしていくことが大切であると思います。

昨日正しいと思ったことでも、さまざまな情報の中でそれを訂正していく、改良していく。ときには、どうしても必要であると思った問題でも、その仕事を中止し、新しい問題に取り組むことが必要です。

このように、**一つの問題にこだわらないといった考え方が私たちビジネスパーソンにと**

って、スピードの速い経済社会の中でどうしても必要な問題であると思います。

もちろん原則というものがあります。原則的に人々が欲する物、人々に提供しなければならない物はあると思います。しかし、その中でも微妙に変わっていく傾向はあります。それに対応したやり方が当然生まれます。

ヒット商品を見ると、そこには心がこもり、ひと工夫あることがわかります。ちょっとした工夫で、すごいインパクトが生まれ、売れ行きがアップすることがあります。その少しの努力が大切なのです。決まった枠の中で考えるのではなく、自由奔放に、自由自在に知恵を絞り、そして力を出していきたいものです。

その一方で、良い意味での**〝こだわり〟も大切だと思います**。「これでいいや」というい加減な気持ちの中から、人の胸を打つようなものは決してできないと思うのです。大切なのは最後まで粘りのある仕事です。

使える名言

人間は勉強すればするほど素直になり謙虚になる。こだわりは捨てよう。こだわりは行動に制約を与える。

——松下幸之助（パナソニック創業者）

072

小さなこと、平凡なことを大切にしていこう

人間は、どうしても目立つ成果、あるいは大きな儲けを狙ってしまいます。宝くじや競馬など、さまざまなギャンブルが流行っているのも、夢を見る、一攫千金《いっかくせんきん》を狙う、という人間の性《さが》を証明しているのではないでしょうか。

しかし、仕事とはそのような心でやっていくものではありません。**日々の小さな仕事の積み重ねの中からやがて大きな花が咲く**、という地道なやり方をすべきだと思います。

そのために私たちは毎日の仕事の中で、小さなこと、ささいなことを大切にして、それを積み重ねていく必要があると思います。

また、仕事の中で小さな問題点が浮かび上がってきたときに、それをないがしろにすると後でとんでもないトラブルに発展することがあります。

平凡なこと、ささいなこと、これをいかに一つひとつ丁寧に処理しながら、ビジネスをやっていくかが大切であると思います。そして、今日よりは明日、明日よりは明後日と、常

に新しいものに挑戦しながら進んでいくことが必要ではないでしょうか。

小さな問題をないがしろにする人は、上っ面だけの仕事をしていることになってしまいます。ところが、細かい問題を一つひとつ大切にしていく人は、問題の処理、あるいは研究という課題がたくさん出てくるので、仕事は一歩一歩前進し、積み重ねの仕事になっていくのです。

私たちは、小さなことや平凡なことを大切にする仕事をしようではありませんか。決して大きな獲物を狙う必要はありません。**自分の器に合った仕事を一日一日やっていくことで、やがて大きな成果が表われてくることを信じる心構えでやっていきたいものです。**

平凡なことでも、着実にやっていくならば、それは非凡なことになっていくわけです。当然のことがどこまでできるか。積み重ねの努力がどれだけできるかということが大切だと思います。そこからすばらしいものができるのですから。

使える名言

険しい坂道を登るためには、最初はゆっくりと進むことが大切である。

——ウィリアム・シェイクスピア（劇作家）

073

ビジネスが競争である以上、競争心は常に燃やしていこう

私たちは、どのようなことをする場合でも、常に競争心や闘争心を強く燃やすことが必要であると思います。「負けてもいいだろう」「どうせ目標は達成できないのだから適当にやっておこう」という気持ちが先に立つなら、はじめから負けるのと同じです。

「今回のビジネスでは、絶対に他の部署に負けない」「同業他社を追い越して、大きく成果を伸ばす」と考えたとき、私たちの中からはふつふつたる闘志と力、アイデアが生まれてきます。これはスポーツにおいても、どんなことにおいても同じです。

闘志を燃やし、競争心を燃やしている人やチーム、会社こそが世の中のさまざまなビジネスの戦いに勝ち残っていけるのです。

競争心とは「負けてはならない」という気持ちから良い物を生み、良い製品を生み出し、そして、一歩一歩頑張っていく根底のあり方ではないでしょうか。

「もうこのくらいでよいだろう」といったサラリーマン根性に支配されてはなりません。義

務感で仕事をしたり。嫌々ながら仕事をするようになると、仕事は後退し、負けてしまい、暗い気持ちで過ごさなければなりません。

どうせやるなら楽しみましょう。どうせやるなら満足できる成果を収められる仕事をしようではありませんか。

さらに今日ほど、モノやサービスにおいて、その工夫が問われている時代はないといっても過言ではないのではないでしょうか。ありきたりのものは、もうあふれ返っています。そんな中で、少しでも価値あるもの、生活を豊かにするものを考え出すことは、これからのビジネスに欠かせないことではないでしょうか。そこには、他の会社にはないものを作っていこうという競争心がしっかりと、我々の心の中に作られていなければならないのではないかと思います。**「なるようになれ」という他人ごとではなく、自分の会社のことは、我々で良くしていこうという気構えが必要であると思います。**

使える名言

強い圧力の下で磨かれてダイヤモンドはできる。同じく人間も困難に磨かれて、光輝く人となる。

——トーマス・カーライル（思想家）

074

ビジネスでは、譲り合いと辛抱の精神が必要

地球上の資源は有限です。人口が増え、環境が破壊されていく中で、いかに人々が幸福に暮らしていけるかということは、互いに耐えがたきを耐え、辛抱し、譲り合うという気持ちがなければなりません。

それは会社の中の小さな単位においても同じです。あるいは、一つの業界においても同じです。互いに譲り合い、助け合い、そして富を分かち合う。そのような広い心を持ってこそ、うまくビジネスをやっていける、あるいは市場で生きぬけるのではないでしょうか。「自分だけ良ければよい、他人はどうなってもかまわない」というやり方では、必ずしっぺ返しがきます。**他人を助け、他人と共存しようという広い心の中にこそ、人から守られ、助けられ、そして成長することができるのです**。

他人を蹴散らして、「自分だけ良くなっていこう」というやり方は、後になって必ず行き詰まり、孤立を招き、やがては敗北の道を歩むことになります。

私たちは日々のビジネスの中で、そのような例をいかに多く見ていることでしょうか。昨日まで日の出の勢いであった会社が倒産してしまう。メディアでもてはやされていた人が、突然バッシングされてしまう。そのような人は一見景気良さそうにしていますが、そのやり方は利己的であり、自分のことばかり考えるようなやり方なのです。

仕事はもっと地道であり、「**人を助け、人と共に進む、社会と共に生きる**」という共存共栄の気持ちがなければなりません。

お客さまと共に繁栄していく。このような心構えが私たちのビジネスに必要な考え方であることを肝に銘じておきたいものです。

社会の繁栄は、私たちの仕事の繁栄につながります。人々の懐がさみしくては、私たちが作ったモノやサービスが受け入れられることは決してありません。この「社会のため」という心構えを失わないようにしたいものです。

使える名言

親切であれ。あなたが出会う人々は皆、さらに厳しい闘いをしているのだから。

――プラトン（哲学者）

075 注意されても、感謝できる人間になろう

人間は、悪い点を指摘されたり、注意されると、つい感情的になってしまいます。しかし、それは「なんとかして伸ばしてあげよう」「教えてあげよう」という相手の気持ちをないがしろにしてしまうことになります。

現役時代、「名捕手」と言われたヤクルトスワローズの古田敦也氏は、常に野村監督の近くにいて、監督のつぶやく適切なアドバイスを脳裏に焼きつけることによって、飛躍的な成長をとげました。

このように先輩の注意やアドバイスを聞く耳を持つか、それとも我流で「俺には俺のやり方がある」といった考えで行くかによって、人間の成長は大きく違ってくると思います。

私たちは、誰しも無限大の可能性を持ち、それぞれが能力を持っています。その能力は、自分だけの頑張りや考えで成長するものではありません。先輩のさまざまな経験に基づいたアドバイスを受け止めるときに、大きな飛躍があるのです。

せっかくの経験に基づいたアドバイスに感謝せず、聞く耳を持たないということは、絶対あってはならないと思います。

ときには感情的に叱られることもあるでしょう。先輩も人間です。上司も人間です。叱るときに感情が入ってしまうことは、仕方のないことです。

しかし、憎くて叱るのではなく、「良くしてあげよう」「悪いところを直してあげよう」といった暖かい心があるためです。それに感謝しながら、反省し、自分を見つめ直すことが必要であると思います。

私たちは成績が良ければ有頂点になり、次に大きな失敗をしたりします。それを未然に防いでくれるのも先輩の助言です。

私たちは一人ではありません。多くの先輩や同僚、トップの激励のもとに育まれ、そして力を発揮していくのだということを認識し、頑張っていこうではありませんか。

使える名言

弱い者ほど相手を許すことができない。許すということは、強さの証なのだから。

——マハトマ・ガンジー（政治指導者）

076

大きな仕事をするときは、高いところに上って全体を眺めよう

私たちは、毎日机の前で、一つのテリトリーの中でうごめいています。その行動範囲は、実に小さく、自分では頑張っているようであっても、会社全体から見れば、それは大したものではありません。

たとえば、富士山の頂上に登ったとき、下界にいる人間のなんと小さなことか。もっと考えれば、人工衛星から地上を見た人間の動きなど、顕微鏡で見てもわからないようなサイズではないでしょうか。

しかし、自分のこととなると他のことは一切見えず、目の前のことで精一杯というのが私たちの日常生活であると思います。自分というものを客観的に見て、少しばかり大所高所から眺めたとき、「なんて無駄なことをしているのだろうか」「なんてへまなことをやっているのだろうか」ということがわかる場合があります。

自分の視野を広げ、考えの幅を大きくするためには、自分を一段でも高いところに意識

を上らせて、考えていくことが必要であると思います。

そうすることによって、今まで思いもつかなかったようなことが発見できます。そして、それを実行することによって、新しい価値が創造できるわけです。

自分の身の丈ほどの仕事しかできないのは、私たちの一般的な実態ではないでしょうか。**高いところに上って、下を眺めてみることによって、私たちの仕事はいくらでも改善し、前進させていくことができると思います**。そのような意味で、常に自分を客観的に、高いところから見れるようにしていきたいものです。

高いところに上るとは、山登りをしなさいということではありません。高い立場から、あるいは広角的な目で、物事をとらえてはどうかということです。自分がいかにつまらないことで悩んでいたか、わかってくるのではないでしょうか。そのような効用があるわけですから、自分の立場というものは、できるだけ高くしておくのがよいのです。

使える名言

世の中のことはすべて原因と結果の関係でできている。だから原因を無視して結果だけを変えようとしても不可能なのである。

——渋沢栄一（実業家）

077
基本的なことほど、確実にこなしていく

本田技研工業の創業者である本田宗一郎はさまざまな名言を残しています。特に、技術者に対して、物事を研究したり考えたりする場合に最も基本的なこと、すなわち誰でもわかっているようなことをしっかりと確認していきなさいという意味のことを言っています。

私たちは、毎日の生活の中ですべてがあたりまえであるべきだと考えがちです。

しかし、「なぜ、そうなんだろう」「なぜ、そうなるのだろう」という疑問点がなければ前に進むことはありません。「車のエンジンは前の車輪についている必要があるのか、後ろではいけないのか」といったように、**一つひとつの疑問が新しい技術や製品を開発し、そして人々に利便性や幸せを与えるということになるわけです**。

現代のＩＴ化、ネットワーク化の中で、私たちの仕事は日進月歩の中で進んでいるわけであり、それに対応する事務、ビジネスというものがあるわけです。

したがって、あたりまえにあるコンピュータやＩＴ機器を最大限に駆使しながら、さら

にそれをうまく使い、付加価値を生んでいくように努力すること自体が大切なことではないかと思います。

一つの決まり決まった仕事の手順はしっかり確認していく必要があります。

しかし、それにおぼれず、**その手順がなんのためにあるのか、それをもっと効率的にできないものか、私たちの毎日の仕事がもっと能率的に、かつ前向きにできないものかということを常に考えていく必要があると思います**。

そこに新しい技術や成績、成果が生まれ、社会を幸せにしていくことになるのではないかと思います。

身の周りの基本的な問題について、もう一度確認をしながら仕事をしていこうではありませんか。

使える名言

今日始めなかったことが明日終わることはない。

——ゲーテ（劇作家）

078

知識と知恵の意味は、おのずから違ってくる

私たちの知識と日常生活における知恵は、まったく違うものです。

物事をたくさん知っている、暗記することが得意であるということは、学生生活のときは役立ちました。しかし、いざ社会に出たとき、物を覚えることは、良い仕事をする、価値あるものを創造するという点で、それほど重きを置かれることはありません。

それよりも、**その場その場でいかに問題を解決し、新たなる価値を生み出すかという、“知恵”が重要になってきます**。

知恵とは、そのときに何をすることが一番必要なのか、そのためにはどう努力すればいいのか、どんな法則をとるのか、誰の力を借りるのかといったさまざまな手を尽くすというものです。その知恵がうまく複合されて、事業にプラスをもたらします。

最近は、人に言われないと仕事ができないといった若い人たちが多いと言われますが、人に言われたことだけをやっているのでは、これはまさに、子供の使いです。今、自分の立

場で何をすることが必要なのか、どうすることがプラスになり、自分はどう動けるかということは、人より機転が利き、知恵が湧くということに他なりません。

そこには、愛社精神や前進していこうという強い信念が働くわけです。

あの松下幸之助も創業当時は病弱であり、それこそ小さな町工場であったわけです。しかし、松下幸之助には知恵がありました。世の中にとって、これは絶対必要なものである。必要なものだから売れるに決まっている。売れるものは儲かるから、それに対して出資をするあなたは得をするので出資してほしいという三段論法でお金を集め、仕事を成し、そして社会に貢献して今日のパナソニックの基礎ができあがったわけです。

その場において、**いかに事業をよくしていくための方策をとるか、手段をとるかといった知恵が私たちには是非とも必要であり、そのように行動していくことが仕事の前進につながることを肝に銘じておかなければなりません。**

使える名言

あなたの値打ちは、あなたの持ち物にかかっているのではない。あなたが何者であるかにかかっているのだ。

――トーマス・エジソン（発明家）

079

絶えず自分自身を客観的に見つめていこう

他人の欠点や問題点はすぐにわかるものです。他人のことは客観的に見えるからです。しかし、いざ自分のこととなると、さっぱりわからない。自分が今やっていることは、他人の目から見てどうなのか、客観的に見てどうなのか、なかなか判断しにくいものです。そのような場合、**自分の行動が果たしてそれでよいのか、客観的な立場で見てみる必要があります**。

あまりにも熱くなり、あまりにも独りよがりになって仕事をやっていると、ついエゴイズムに陥り、自画自賛してしまうものです。それでうまくいくうちはよいでしょう。しかし、客観性のない仕事のやり方は、どこかで必ずつまずいてしまいます。

誰がどう見ても、このやり方が正しい、このやり方がベターである、という中で仕事をしていくなら、それほど大きな失敗を犯すことはありません。

しかし、何の情報も得ずに、自分の今までの体験や勘だけに頼ってやっていくと、とんでもない失敗をしてしまうことがあります。それは、すでに客観情勢が変わってしまっていることに自分だけが気づかず、相変わらず旧態依然たる仕事をやっているために、まったく無謀なやり方をしていることになります。

それの良し悪しを発見するためには、**自分を一歩外側から見ることが必要です**。それには、それなりに視野を広げていかなければなりません。視野を広げるためには、それなりの客観情勢を勉強し、導入し、判断していくことが必要です。

企業戦略が、どれだけ間違いのないものであるのか、さらには、自分の仕事が常にチャンスをとらえたものになっていくためには、それだけの裏づけがしっかりしていなければならないわけなのです。勘に頼っていくようなことではどうしようもないではありませんか。

使える名言

間違った知識には注意せよ。それは無知よりも危険なものである。

——バーナード・ショー（劇作家）

080

「ビギナーズ・ラック」は、二度起こらない

どんな物事も最初はうまくいくことがあります。しかし、それにいい気になってしまうと、とんでもないことになる場合があるわけです。

たとえば、株で最初は儲けさせてもらって、その後に大損をした。あるいは競馬で最初大勝ちした味を忘れられず、結果的にサラ金地獄に陥った。あるいは、仕事においても、最初は経験もないのになんとなくうまくいってしまった。すると、「こんなものか」と甘く考えてしまいます。ところが、実際はそうではなく、やることなすこと安易な気持ちで仕事にかかるため、すべて失敗し自信を失ってしまいます。

世の中のことはすべて、このように最初に良いことを味わってしまうと努力をする意欲をなくしてしまいます。最初は、失敗したり、うまくいかない方が本当はよいのです。

しかし、幸いにも最初からうまくいったということは、やはり最初の一生懸命やろうという心構えが効を奏していたのかもしれません。そうでなければ、たまたまついていただ

けかもしれないのです。

したがって、**その初心を忘れず、常に「自分は何も知らないのだ。勉強していこう」という原点を忘れずに頑張っていくことが必要です。**

なんでも慣れてしまって、「こんなものだ」と思ったときに、あなた自身の限界を示してしまいます。

人間は努力することを忘れ、前に進む意欲を失ったときに後退がはじまります。

世の中全体が速いスピードで進む中で、自分一人がとどまっているならば、それはとどまっているのではなく、後退していることになってしまいます。

そのように、仕事のあり方、人間のあり方というものについて、もう一回ここで反省し、常に前へ、常に努力をし、初心を忘れず、自己反省の日々を送って、常に勝利の道を歩めるようになりたいものです。

使える名言

人間のあらゆる過ちは、焦りから生じる。時間がかかる堅実なやり方を途中で放棄し、手っ取り早く、出来上がったように取り繕ってしまうのだ。

——フランツ・カフカ（作家）

081 仕事の成否は、第一印象で9割決まる

何事でもそうですが、第一印象は非常に重要です。初対面のときに変な言葉を使ってしまったり、変な応対をしてしまうと、相手には「もうあの人とはつき合いたくない」「あの人はあまりいい人ではない」といった第一印象がまず脳裏に焼きついてしまいます。そして、それは個人だけではなく、背後にある会社もそういう印象を持たれてしまうわけです。それを払拭し、名誉挽回を図るのはとても難しいことです。

それに対して、最初に慎重に、誠実に、正確に仕事をすれば、相手に「たいへん誠実である」「約束を守る人だ」という印象を与えます。そうなると、仕事が次から次へと回ってきます。**最初のその努力が結果的に良い循環となり、相手に信頼感を与え、長いつき合いがスタートしていくわけです**。

このようなことから、私たちは、いついかなるときも、常に相手に良い印象を与えるような気持ちで慎重に対応していくのが大切ではないでしょうか。

業績が上がらない、仕事がなかなかうまくいかないと愚痴っている人の日ごろの言葉使いや電話の応対、仕事の処理の仕方を見ていると、あまりにも利己的で、相手に悪印象を知らず知らずのうちに与えているように見えます。

よく考えてみれば、原因は自分にあるわけですから、今から反省し、それを直していくことが今後の仕事の上で成績を伸ばしていけるという良い結果に結びついていくわけです。

企業社会といっても、結局は人間対人間のつき合いであり、つながりなのです。

いかに、相手に対して自分とつきあうことがプラスであるかをアピールし、示していくことが結局は良い結果を生むのです。そして自分自身も仕事の楽しみを味わえ、生きがいを感じられるということになっていくわけです。

そのような意味で、毎日毎日が初対面であり、最初のつき合いであるという営業の職場においては、第一印象が勝負であることを常に頭に入れておきたいものです。

使える名言

良い第一印象を作るチャンスは二度とないわ。

――ココ・シャネル（ファッションデザイナー）

082

知恵は高くなっても、頭が高くてはいけない

稲穂は実れば実るほど自然と頭をたれる、とよく言われます。中身が濃くなるほど、私たちも謙虚に相手に誠意を持って接するようにならなければならないと思います。

新入社員が仕事をちょっと覚えたぐらいのとき、自信満々になり、ある意味では虚勢を張るようなところが出てきます。

しかし、そういうものは、上から見れば好ましい状況ではありません。いろいろな体験をし、いろいろな苦難を通り越し、苦労して初めて、人間の本質がわかり、人間対人間のつき合い方がわかってきます。そして、相手の苦悩も自分でわかるようになってきます。

それは、いろいろな苦労をし、仕事だけではなく、家庭の問題、自分の健康、さまざまな苦労を通して人間としての円熟味が出てくるわけです。

もちろん、若いからといって、そのような相手の気持ちがわかる人間になってはならないということではありません。**若くても、立場を考え、自分の能力が伸びてきても謙虚に**

なり、相手の意見に耳を傾ける。それこそ大切なことではないでしょうか。

もちろん若くても、たいへん影響のある行動を人間はとることができます。しかし、しょせん自分は身の丈2メートル足らずの人間である、という気持ちが相手に滲みでていなければならないと思います。もちろん、自分自身に対する自信、抱負は当然あるでしょう。しかし、そのようなものを表に出したところで、称賛されることは一つもありません。

あくまでも、**自信とか、負けてなるものかといったものを内に秘めて、はじめてできるものであり、表に対しては柔和に、謙虚に対応していくべきではないでしょうか。**

そのような人間になってこそはじめて、人から守られ、尊敬され、あらゆるチャンスを与えてもらえます。そして自然と成績が上がるような、良い物を作れるような、良い仕事ができる自分自身になっていくのではないでしょうか。

使える名言

人生は自分探しにあるのではない。人生とは、自分を創っていくことにある。

——バーナード・ショー（劇作家）

083

あれこれ迷うよりも、すべて単純化して考えよう

物を考えるとき、私たちはいろいろな場合を考えてしまいがちです。しかし、「考えるよりは行動せよ」という言葉もあるように、行動する中で活路やアイデアが生まれます。

したがって、ある程度の条件が整ったら、単純明解に考えて、とにかくやってみた上で、新たな反省やチェックをしながら次へ進むという姿勢が必要なのではないでしょうか。

「ああでもない、こうでもない」といくら論議したところで、1ミリたりとも進むものではありません。

行動する中でこそ、貴重な体験やアイデアが浮かんでくるのであり、「やってできないことはない」という大前提に立って、挑戦していくことが私たちの仕事においては必要ではないでしょうか。

どんなことでも、最初は失敗からはじまります。その失敗を恐れず、むしろ肥やしにしながら前に進んでいくような仕事のやり方こそ、日々これ挑戦の毎日であり、必ず成功す

る可能性を秘めた方法ではないでしょうか。

あまりにもいろいろ考えたあげく頓挫《とんざ》するようなことがないように、「**ものはやってみなければわからない、やれば何かしら成果が得られる**」という極めて単純な考え方で、物事に処することが良い結果を生むことを信じて、頑張っていこうではありませんか。

いろいろと何かやる前に考えるのもよいかもしれませんが、考えてもどうにもならないときもあるのです。そのようなときには、やってみて感触を探りながら、仕事を進めていくことが大切です。もちろん、いい加減であってはなりませんが、どうしてかわからないときは、机の上でいくら考えてもどうにもなりません。

しかし、とにかく行動を起こすことで、何かが見えてくるということもよくあることです。「**とにかくやってみて、そこで考える**」という行動優先の方式もよいのではないでしょうか。あまり考えすぎて、ブラックボックスにはまってはどうしようもありません。

使える名言

混沌の中からではなく、単純さの中から真理は見出される。

——アイザック・ニュートン（自然科学者）

084

ダイバーシティの時代、人の生き方にはいろいろある

人間の顔や性格は十人十色と言われるように、一人ひとりがさまざまな特色を持っているのは当然のことです。私たちのビジネスも、一つの課題を与えられたときに、一つの方向からだけでなく、その人に一番合ったやり方、その人の能力や考え方に合ったやり方で、自由にやってよいのではないでしょうか。

そのような意味で、私たちには、一人ひとり違った主張があり、能力があり、魅力を持っているのです。したがって、自分にしかない魅力、能力を早く認識し、それを最大に発揮できるように頑張っていきたいものです。

会社の中にはたくさんの人材がいます。皆が自分の特色を100パーセント発揮したときに、会社はさらに大きな価値を生み、収益を上げていくことができるわけです。

あまり好みもしないこと、自分にはできそうもないことを、無理してやっていくことは、かえって自分の特徴を殺し、結果的に企業全体としてプラスになりません。

もちろん、自分の不得意なことでもやらなければならない場合があります。それでも、自分の本来の実力や能力でうまくカバーしながら平均点を上げていくことは可能です。

人間である以上、人間が行う仕事である以上、不可能なことはそうありません。同じ人間がやっていることですから、ちょっと努力して、考えれば、なんとかなってしまうものです。それは、ある程度経験がものをいいますし、経験がなければ先輩に聞くなり、アドバイスを受けることによって、実行することができます。

いけないのは、最初から「これはダメである」「こんなことは無理である」といった、あきらめの気持ちでスタートすることではないでしょうか。

したがって、「**私には、私にしかできないことがあるのだ**」といった強い信念に立って、毎日の仕事を頑張っていくことが、私たちに与えられた課題であり、ビジネスパーソンとして、日々心に刻んでいかなければならないことです。

使える名言

チームワークとは、同じ夢に向かって一緒に進むことである。個人の成果が全体の目標になる。これは、平凡な人たちが考えられない結果を生むための燃料となる。

——アンドリュー・カーネギー（実業家）

085

企業の最大の財産は、人財である

企業経営において一番大切な物は何かといえば、資金も大切ですが、より大切なのは、その企業で働く人間ではないでしょうか。

どれだけ優秀な人が集まっているか、どれだけ会社の仕事のために身を賭して頑張っていこうとする人がいるか、そして社内の空気がまとまっているかどうか、ということが会社を大きくし、ビジネスを軌道に乗せていくための大きな要因になっていきます。

そのような人間の集積、優秀な人材の存在があるならば、事業はどんどん伸びていきますし、次から次へと新しいアイデアを生み、どんな苦労をものともせずに事業分野を広げていくことができるのです。

一歩打って出るときには、銀行のお金を使ってさらに大きく伸ばしていく積極性も必要です。ある面では、リスクを背負って、決して後ずさりはできない、前に進むのみ、といった姿勢につながっていくのです。

したがって、一人ひとりがどれだけ仕事のために自己研鑽を行うか、自分の仕事のために力をつけていくかです。**会社にとってあの人はどうしても必要な人である、と思われる人間になっていくことが大切ではないでしょうか**。

「あの人がいるために、チームワークがうまくいかない」「何を頼んでも、さっぱり結果を出せない」ということでは、自分自身にも明るい将来はありませんし、会社にとってもマイナスになってしまいます。

企業にとって大切な人材、人の資源というものについて、一人ひとりがよく考え、自分自身についての反省と、前へ進むためのエネルギーを強く持ち、**「日々是前進」の姿勢でさまざまな努力をし、勉強をし、試行錯誤していくことが、私たちには必要なのです**。そして、その結果として私たちは、成績を上げ、給料やボーナスをもらって、人生の楽しみを味わっていくことになります。

使える名言

将来の絶え間ない成功は、仲間、社員が成長することにかかっている。

――ハーベイ・ファイアストーン（ファイアストーン創業者）

086

本業に返って、一業に専念することの大切さ

ある経営者は、「平凡な人間は一業に専念する。すなわち、一つの事業に専念することが大切である」と言っています。これは、へりくだった言い方かもしれません。

しかし、考えてみなければならないことは、私たちが今やっている仕事、当面携わっている仕事について、うまくいかないからといって何か別のところに活路を見出そうという安易な考えではならないということではないでしょうか。

まず、**当面の仕事をどんなに苦しくともやり遂げてみせる。活路を見出して必ず一つのものに仕上げてみせる。その実績なくして、次の仕事への飛躍はありえないと思います。**

やることなすことすべてが裏目に出て、結果的には倒産してしまう企業が世の中にはいかに多いことでしょうか。私たちは当面する課題がいかに厳しかろうとも、それを逆にバネにして力をつけ、知恵を出し、汗を流しながら頑張っていくところに己の実力がつき、また会社の繁栄があるのだと思います。

そのような意味で、**今自分に任されたテーマに真正面から取り組んでいく、そして結果を出していく。そのことに全力を尽くせるような一人ひとりでありたいと思います。**

間違っても、逃げの姿勢、あるいはどこか他に青い鳥がいるのではないかというような妄想にとらわれることのないように頑張っていく必要があると思います。

実際、本業をおろそかにして、さまざまな分野に事業を広げすぎた企業が、大きな負担に絶えかねて四苦八苦している姿が目につきます。

確かに、事業の多角化は必要なことかもしれませんが、本業をおろそかにしたり、自らの得意とする本業を軽視するような考え方をしていくと、結局は余分な設備投資やロスの多いビジネスに手を出してしまい、困っている例が多いわけです。

私たちは、この際、**自分たちの築いてきた本業に立ちかえって、経営の原点に目を向けようではありませんか。**

使える名言

成功者とは一つの道を選び、その道を歩み続けた者だ。

――アンドリュー・カーネギー（実業家）

087

日々の小さな仕事の積み重ねを、大切にしよう

仕事とは、一か八か、とにかく大きな仕事をやってやろうという考え方である必要はないと思います。

毎日の仕事の中で、小さな仕事、細かい仕事を一つひとつやっていく。そして、そこに充実感を覚える。成功に対する喜びを感じる。この連続が大切であると思います。

最初から物事がうまくいくわけはありません。最初から大きい仕事ができるはずはないのです。小さな積み重ねの中で、後で振り返ってみたら、たいへんなことをしていたんだな、というようなことがあるのではないでしょうか。

したがって私たちは、今取り組んでいる仕事を馬鹿にしてはならないと思います。

その仕事に対する取り組み方、工夫の仕方が、もっと大きな仕事を与えられたときに尻込みしてしまうか、「さあ来い」と頑張れるかの差になって表れてくるのではないでしょうか。

私たちの仕事には、たいへんなときもあれば、黙っていてもうまくいってしまうときもあります。それは個人の実力の向上の問題もありますが、世の中の好不況の波、流行の波といったさまざまなものにも左右されます。

したがって、**日々どんな小さな問題であっても、慎重に処理していくことができれば、大きな仕事を成し遂げることができるようになるのではないでしょうか。**

どんな立場にあろうとも、どんな種類の仕事であろうとも、その場で全力を尽くす。そのことを成し遂げることに幸福を感じる、という真摯《しんし》な考えに達したいものです。

私たちの人生における、あるいは会社におけるさまざまな体験とは、すべて積み重ねであり、その一つひとつが、次の成功への大きな足がかりになっていくのです。

このように、仕事の手順、仕事の成功の法則をしっかりとわきまえた上で、頑張っていこうではありませんか。

使える名言

大きな仕事は、小さな仕事をしっかり仕上げられる人にやってくる。

——セオドア・ルーズベルト（アメリカ元大統領）

088

仕事の成功の第一条件は、仕事が好きであること

「好きこそ物の上手なれ」という言葉があります。私たちが仕事を成功させていくためのポイントは、その仕事を好きになることであると思います。

仕事にはいろいろなものがあり、不本意ながらその仕事を与えられたかもしれません。あるいは、営業が好きだと思ったけれども、実際にやってみたらそんな甘いものではなかったとか、良いと思っていた部署が意外とたいへんであったという場合もあります。

しかし、「これはたいへんだ。自分は耐えられない」と思ってしまった時点で、後退の仕事をしているのです。**将来大きく伸びる人は、不本意な仕事、難しい仕事に直面したとき、「今こそ、自分の力の発揮のしどころだ」という気持ちになるものです。**

そうしているうちに、いろいろな新しい考え方が浮かび、それが一つひとつ実証され、成果として表われたときに「ああ、これはうまくいった」ということになり、それが仕事に対する楽しさや喜びとなってきます。仕事が楽しくできる。仕事をやっていて楽しい。そ

ういう気持ちになったときこそ、これはしめたものです。

仕事がうまくいかないということは、仕事が好きであるかどうか、につながってくると思います。仕事を好きになるためには、その仕事において成功しなければなりません。

その仕事を成功させるためには、それなりの努力、研究が必要になります。どんなスポーツにおいても、優勝したり、勝利の涙にひたるとき、振り返ってみれば多くの苦労があり、もうやめようと思ったときが何度あったかわからないと思います。何事も、栄光の影には多くの苦労があり、苦悩のときがあるのです。

しかし、**将来を信じ、将来の繁栄を信じてそこで頑張る。辛くても好きだから頑張る。こういう仕事の姿勢を私たちは考えていきたいと思います**。どんなことでも、悪く考えれば後退するのみです。良く考える。前進的に考える。それこそ私たちが本当に楽しく、有意義に仕事をしていく、日々楽しい人生を送れる大きな要素になってくるでしょう。

使える名言

成功の秘訣は、自分の仕事を心おきなく楽しむことだ。

――マーク・トウェイン（作家）

第5章

ビジネスの原点を思い出すための話

089

ビジネスの秘訣はすべて、お客様のニーズにある

松坂屋創始者の伊藤次郎左衛門の言葉に、「商いの秘訣の第一はなんといっても仕入れにある」というものがあります。

物を売るとき、私たちは自分たちが仕入れたものをお客さまに売るわけですが、肝心なのは、果たしてそこにお客さまが必要としているものが並んでいるかどうか、用意されているかどうかということではないかと思います。

これは、なにも仕入れて売る場合だけではなく、私たち自身が作る場合でも消費者に必要なものを作っているかどうかということが肝心なのです。

いくらお客さまに買ってもらおうとして営業したりＰＲしても、肝心の欲しいものがそろっていなければまさに徒労に終わってしまいます。

いかに今の流行やニーズに合ったものを探して仕入れるか、そしてそれを並べるか。それに成功すれば、後は誠意あるのみです。誠意を持ってお客さまに接する。それによって、

お客さまは自然と自分の欲しいものを買っていってくれるわけです。**これは百貨店だけではなく、あらゆるビジネスすべての基本になる問題だと思います。**

社会が求めているものを私たちがまず用意して創り出し、そこにお客さまを招待し、案内する。それによって、そのビジネスは成立し、私たちも収益を上げて、発展していくことができるわけです。

したがって、先ほども述べたように、**世の中に必要なものをどのように探してくるか、仕入れるか、創るかといったこの一点に努力を集中することがなければ、仕事はうまくいかないものだということを確認しておきたいと思います。**

世の中のニーズや消費の思考はどんどん変わっています。それに置いていかれないように頭を柔らかくし、競争からはずれることのないような仕事のやり方を考えていこうではありませんか。

使える名言

最大の美徳とは、最高に他の人の役に立つことである。

――アリストテレス（哲学者）

090

仕事は社会あってのものであるとわきまえる

私たちの仕事は、社会があり、そこに人々がいて成り立つものではないでしょうか。多くの消費者、そしてそれを取り巻く社会、さらには社会の動きの中で、いろいろ考え、行動し、良いものを創造し、人々にプラスの価値を与えるために頑張っているわけです。

そのようなことから考えると、**私たちの仕事がうまくいくかいかないかは、社会にどれだけ受け入れられる仕事をしたかという問題になると思います**。

社会のために尽くすからといって、なにも無償の行為をするわけではありません。しっかりその費用分だけは稼がせてもらって、なおかつ社会に喜ばれる。このようなことが今日の私たちのビジネスにおける基本的なスタートではないでしょうか。

たとえば、あるデパートで非常に貴重な品物が安く売られている、あるいはある専門店で魅力のあるデザインの品物が半額セールスで売られていることになると、女性はだいたいそこで飛びつき買いをします。

大きく儲けようとせず、小さくてもいいから人々に喜ばれ、人々に気に入られる製品やサービスを提供し、そして結果的に消費者と共に栄える。このようなビジネスの形態が最も長続きし、世の中に受け入れられる仕事であると思います。

とかく私たちは一発大勝負で大きく儲けようとします。しかし、そんなチャンスはそうそうやってきませんし、たとえあったとしても、そのようなことを続けているならば、結果的に同業他社に負けてしまいます。

あまり大儲けをしようとせず、**堅実に確実に社会のニーズに応えていくような仕事をしていくことが私たちの使命ではないでしょうか**。

社会に受け入れられる仕事をすればするほど、その仕事は発展し、長続きするものであると思います。そして、何よりも「私たちは社会から受け入れられている」という自負心が仕事への喜びとなり、そして活力となり、明日へのエネルギーとなっていくと思います。

使える名言

売れないものは発明したくない。人に役立ち便利なもので、よく売れるものこそが、成功なのである。

——トーマス・エジソン（発明家）

091

儲かっているときこそ、お客様の信頼を勝ち取るチャンス

企業経営においては、適正な利潤を手にする。これが最も大切な仕事のあり方ではないかと思います。

私たちの仕事はあくまでもお客さまに喜ばれ、感謝されるものでなければならないと思います。

需給関係が有利であるからといって、「大いに儲けてやろう」といった考え方でいると、状況が変わったときに相手にされなくなってしまいます。

「あそこは物が高くなったときも値上げせず、安い値段で売ってくれる」という評判が広まれば、人々は黙っていても集まってきます。

そのように、儲かるときに押さえることによって、人々の評判を高めるか、信頼の輪を築いていくか、ということが大切であると思います。

儲け過ぎ、やり過ぎは、短期決戦ならまだしも、長い歴史を考えると失敗することが多

いのです。

かつてのバブル経済の中、証券会社や不動産会社はたいへん儲かりました。しかし、バブルが崩壊した後、あくどい商売をやっていたところはその手口しか知らず、無理をして多額の負債を背負い、倒産しています。

したがって、**どんなときでも自分の分を心得、自分の立場を考えながら、常にお客さまのため、社会のために自分の会社が存在し、仕事があるのだという気持ちで頑張っていく**。そこに永続的な仕事ができ、永続的な繁栄ができるということを認識しておきましょう。

周りから言われてやるような商売では競争に勝ってはいけないと思います。お客さまあっての事業であることを忘れることなく、常に機会の支援があり、栄えさせてもらうことができるのではないかと思います。それを忘れた、自分本位のやり方は、失敗に終わるのではないかと思います。

使える
名言

（多くの企業が上手くいかないのは）各地域の担当者がローカルのお客さんではなく、本社の上司を喜ばせようとするからだ。

――ジェフ・ベゾス（アマゾン・ドットコムCEO）

092

儲けようと思って、儲かるものではない

森ビルグループの創業者・森泰吉郎は、六本木ヒルズに代表される巨大な資産を持つに至ったその発端として、「私は、なにも金もうけのためにビルを建てたのではない。街をきれいにし、汚ないビルをファッション化して人々に喜びを与えるためにやってきたことが、今日このようになったのである」と言っています。

バブル経済後、地価やマンション、ビルの価値は著しく値下がりました。しかしそのような、儲けようとか、わずかな期間で資産を築こうというような考え方は、結果的にはうまくいきませんでした。

それより、身近な資産を人々のために、社会のために還元していこうという気持ちで地道にやっていく。その結果として10年、20年といった期間を振り返ってみると、たいへんな成功があったということが資産形成の実際的な問題ではないでしょうか。

私たちも、これからさまざまな事業をやっていきますが、それは決して目先の利を追う

のではなく、**あくまでも長期的な計画の中で、人々のために、街をよくするためにやっていく姿勢が大切であると思います**。地道であっても、そこに社会に対する一つの貢献というものがあれば、必ず事業はうまくいくものです。

世の中の成功している経営者を見ると、森泰吉郎のような考え方で頑張っているうちにいつの間にか良くなってしまったということが非常に多いようです。

私たちも、仕事の常として利に焦ることなく、あくまでも相手のため、人々のために尽くしていこうという、すがすがしい気持ちで毎日の仕事をこなしていきたいと思います。**自分のやっていることが結果的に社会を良くし、人々を豊かにする**。そのような抱負、自負心を持って自分を奮い立たせ、そして、明日へのエネルギーをストックしていく。そのような仕事への取り組み方が、私たちに求められているものであると思います。

使える名言

事業を始めるとき、金儲けをしようという気持ちはなかった。何か世の中を明るくする仕事はないかと、そればかり考えていた。

――安藤百福（日清食品創業者）

093

「ギブ・アンド・ギブ」がビジネスの基本

営業の基本とは、なんといってもサービスであり、相手に対してどれだけプラス価値を提供するかということではないかと思います。

それには気張ったやり方をする必要はありません。相手から10のサービスをされたら、11を返す。あるいは他の会社が10のサービスをしていれば、我が社は11のサービスをするというように、**ほんのわずかでいいから、社会のため、お客さまのためにサービスを提供していく。その少しの差が長い間に大きな信頼の輪を広げ、固定客を増やし、自分の店、また会社の信用を高めていくのではないかと思います**。

出すものは舌を出すのも嫌であると考えがちなのが私たちの感情です。できるだけ儲けてやろう、できるだけ高く売ってやろう、という気持ちが私たちにはあります。

しかし、商売はそういうものではなく、相手に与えたものの反応として与えられるのです。まず与えることからはじまり、結果として大きな利を得る。これこそが商売の常道であり、ビジネスの基ではないかと思います。

自分が与えられることばかり考える。そのような利己的な甘えの構造の中では、他社に抜きんでる、あるいは消費者に受け入れられることはありません。

自ら出血して、その褒美として自分たちの繁栄や成長をもらうという、まず与える心で社会に貢献する。そんな気持ちで仕事をやっていくことが肝心です。

この不況の中で、唯一栄えているのは、いち早く世の中の動きを知り、良いものを安く売るという企業活動をしているところではないでしょうか。

相も変わらず、ぜいたく品に固執する人たちは、事業の停滞から抜け出ることができなくて困っています。頭が固いというのか、切り替えができないというのは、経営という点からすれば、決して誉められたことではありません。私たち一人ひとりが新しい時代の事業をしっかり考えていこうではありませんか。

使える名言

自分の持てるものすべてを与えたならば、与えたものよりも多くを受け取ることだろう。

——サン＝テグジュペリ（作家）

094

商売をするなら、世界を相手にやろう

高島屋の創業者である飯田新七は、「志を大きくして世界を相手に商売せよ」と大言壮語しています。確かに、商売とは、消費者の動向がなかなかつかみづらく、ある点では消費者におもねていく形であると思います。

しかし、今の国際化時代の中でのビジネスは、世界の経済動向やそれに呼応した消費者の行動を敏感に嗅ぎ取り、消費者のニーズに合ったものを提供していくことが第一ではないでしょうか。

消費者の求めていないもの、手が届かないものを提供しても、それは身勝手な商法でしかなく、成績が上がるはずはありません。

その時代によって、消費者の考え方や購買意欲は変化しており、それをいち早くキャッチする。あくまでも現場で消費者の生の声を聞く、生で観察する、ということの中からつかめるのではないでしょうか。

机の上で考えたところで、どうなるものでもありません。街を歩き、消費者に接し、声を聞き、不満を聞きながら、一つひとつの方針や行動というものを決定することが最も現実的であり、効果的なやり方であると思います。

そのような意味から、私たちは常に現場主義を貫き、気宇広大にして、目先の激動に惑わされてはなりません。息づまりをするような姑息な考えではなく、**先を見通し、自信を持って、自らの考えるところを消費者に提案し、消費者や社会をリードしていくようなビジネスをやっていきたいと思います**。そのためには、リードするだけの裏づけ、精神、サービスを考え、それだけ価値あるものを生み出していかなければなりません。

そのような意味で、情報をしっかり取り入れ、咀嚼《そしゃく》した上で、新しい提案として世の中に出していくという高い立場からのビジネスが求められるのではないでしょうか。

使える名言

未来にはいくつかの名前がある。愚かな者はそれを「不可能」と呼び、臆病者は「未知」と呼ぶ。しかし、勇敢な者はそれを「理想」と呼ぶ。

――ヴィクトル・ユーゴー（詩人）

095

信用を重んじて、浮利に走ってはいけない

ビジネスにおいて、信用は非常に重要なものです。やはり、ビジネスにおいて一番大切なのは、必要なものを必要なときに提案してくれる、あるいは決して高値で売らず相手に対してマイナスを与えることのないようなものを提案する、といった精神ではないでしょうか。

このように、私たちの仕事は、お客さまあっての仕事であり、お客さまからの信用を前提にして成り立っているのです。

したがって、**利益を追求するあまり、顧客の評判を失い、自分の身を落としていくようなことになっては、なんにもならないと思います**。

世の中の景気が下り坂になればなるほど、生き残りゲームの中で、信用を大切にし、固定客を作り、宣伝方法として最も確実な「口コミ」による信用の拡大を図っていかなければならないと思います。

そのためには、私たち自身が日々のビジネスにおいて、無駄を省き、誠実にセールスを行い、消費者にプラスの価値を与えていくような行動の積み重ねをしていかなければならないと思います。

信用あるビジネスとは、一夜にしてできるものではなく、一日一日確実に積み上げていくところに、その成果が表れるのです。私たちはあくまでも信用を大切にする仕事を貫き通し、どんなにたいへんなときであっても、それを乗り越えて目標を達成していくという方向で頑張っていきたいと思います。

簡単に儲かる商売や自分だけが良ければ良いという考え方では、仕事は建設的なものではないし、長く続くものでもないと思います。少しだけ儲けさせてもらって、長く商売をさせてもらうという謙虚な考え方が私たちには大切であり、結局はそんな考え方が世の中から支持されるのではないかと思います。

使える名言

価値あることを成し遂げるために、絶対に必要な3つのことは、「たゆまぬ努力」と「根気強さ」、そして良識である。

——トーマス・エジソン（発明家）

096

自分でやろうと決意すれば、そこに創意工夫が生まれる

他人への依頼心が強く、一人で何もできないという人がいます。誰かに手を差し伸べてもらわないと、その問題を一人で解決できないという心の弱い人。これは自分の人生を幸せにできない人になってしまうと思います。

要するに、誰かに手を差し伸べてもらうことだけを願って、自分一人では歩けない。**自分で危険を犯して、苦労しながら一つのことを身につけていく勇気のない人は、何年働いても変わらないと思います**。

人間、生まれてくるときも死んでいくときもたった一人です。

こうして毎日生活しているその瞬間も自分一人です。

もちろん、友人、家族、恋人、いろいろな人との触れ合いはあるでしょう。

しかし、一人の人間としての生き様は、誰も手を差し伸べることはできません。

そのように、なんでも自分でやろう、自分で決意し、苦労して、失敗してもやってみよ

うという心意気がなければ物事は解決しないと思います。

そのような意味で、**自立心、自分で泥をかぶる、自分で雨風を浴びながらその苦労をものにしていく。そういう強い心の持ち主になっていこうではありませんか**。

誰かにやってもらっているうちは、いわば車の助手席のようなもので、本当の道筋はわかりません。自分でやってみて、初めてその苦労がわかり、実力もついてくるということも確認しておきたいと思います。

さらに、**失敗を恐れてはならないと思います**。勇敢に自分の信念に基づいて、積極的に、挑戦する心が必要ではないでしょうか。自分はダメであると考えてしまっては、それ以上は先に進むことはないと思います。いろいろな試みに挑戦しながら、何か価値あるものを創造していくところに、やりがいというものが出てくるのではないかと思います。それがまた、仕事のおもしろさでもあると思います。

使える名言

真の勇者とは、敵を倒した者ではなく、自分の欲望を克服した者のことだ。自分に打ち勝つことは、最も難しいことなのだから。

——アリストテレス（哲学者）

097

ビジネスの秘訣は、お客さまの満足を得ること

丸井の創業者である青井忠治は、「何も宣伝しないでお金を作れるのは大蔵省造幣局ぐらいである。商人ならば、常に腰を低くして頭を下げることだ」と言っています。

これは簡にして要を得たコメントであり、「**お客さまあっての商売、お客さまなかりせば商売は成り立たない**」という大原則を言っているのです。

ところが、私たちが日ごろ目にするビジネスは、会社の看板を背にして、横柄な仕事をしたり、お客さまに無愛想な対応をしている姿です。

何を勘違いしているのかわかりませんが、お客さまの前で威張ってみたところで、一銭の得にもならないのです。**お客さまは品物を買いに来るだけではないのです。サービスを買いに来る、心を買いに来る、文化を買いに来る、という面があることを忘れてはなりません。**

したがって、私たちの仕事も、単に物を生産し、販売するだけであってはなりません。そ

こには、社会に適合する品物を作ると同時に、文化の香りを提供する、そしてお客さまにサービスする心構えを常に持っていなければなりません。

そのような意味で、仕事がうまくいく、商売が繁盛する、事業が伸びるか否か、ということは、ひとえにお客さまあっての私たちであり、その考え方の基本がしっかりできているかどうかが、成績に跳ね返って来ることを考えていかなければならないと思います。**お客さまの満足のいく仕事というのは、優しいようで、実はたいへん困難なことではないかと思うのです**。それをしっかりとやっていくためには、日ごろの心構えが大きく影響してくるような気がします。自分の都合優先ではいけないと思います。

使える名言

常に健全な行動を心がけよ。そうすれば、ある人々には喜びを、また、ある人々には新鮮な驚きを与えることになるのだから。

――マーク・トウェイン（作家）

098

「ちょっと」の工夫が大きなビジネスチャンスとなる

私たちがいろいろな物を作る、サービスを提供する場合に、すでに同様の商品が世の中にあることが多くあります。しかし、世の中にすでに存在している製品やサービスであっても、そこになんらかの欠陥やアイデア不足があるなら、私たちは十分参入できる余地があると考えてよいでしょう。

なぜなら、私たちの仕事は、世のため人のためになることだからです。もし同業他者が同じようなことをやっていて、それがうまくいかないとか、不評を買っている、ある程度はうまくいっているけれども、もう一歩だという場合に、それをさらに試行錯誤して磨き上げ、社会のためになるような物を成していくならば、それはもの真似ではありません。

既存の商品やサービスからヒントは得たかもしれませんが、そこに大きな付加価値をつけ、さらに良いものに磨き上げている分だけ、私たちは勝つことができるのです。

それと同じように、漫然と仕事をしていると、他の業者に負けてしまい、敗北者になる可能性もあるのです。

このように、この世の中は、情報とノウハウの獲得合戦であり、その問題にいかに打ち勝っていくかが、私たちのビジネスの伸びや限界といった問題に変わってきます。したがって、**取るべきところは取る。真似るべきところは、大いに真似て、さらに良いものを作るように、私たちは常に情報の収集と試作、試行錯誤に専念すべきであると思います。**

どんなビジネスでも、他人からヒントをまったく得ないということは少ないのではないでしょうか。互いに、良いところを知り、その上に工夫を積み重ねて、良きもの、良き競争ができるのではないかと思います。世の中のあらゆる業界の技術の水準は、そんなに変わってはいません。そこに人の心をとらえるどれだけの工夫があるかによって、差というものが出てくるのではないでしょうか。その「ちょっと」の工夫ができるか否かが、大きな差になっていくわけです。

使える名言

恋人を喜ばせるように顧客を愛することができるのであれば、どんな状況であれ、顧客の心があなたの企業から離れることはないだろう。

——ジェイ・エイブラハム（経営コンサルタント）

099 もの真似と、二番手商法の違い

日本を代表する家電メーカーであるパナソニックはかつて「松下電器」という名前でしたが、かつて「まねした電器」という異名をとりました。実態は決してそうではありません。当時、ビデオテープ業界で一番手はビクターでした。しかし、松下電器はビクターの良いところを取りながら改良を加え、ユーザーが最も使いやすい型で商品を提供するという二番手商法が成功の鍵だったのです。

このように事業やビジネスは、先頭ばかり走る必要はありません。**肝心なことは、確実に儲けていく、確実にヒットさせていくという打率の高さなのではないでしょうか。**良いときは馬鹿当たりするけれども、ダメになったらさっぱりヒットが出ないということでは、ビジネスとは言えません。

常に一定の打率をキープし、なおかつ採算ラインに乗っていることがビジネスの安定であり、二番手商法の徳な所以です。

特にマラソンにおいては、本命と目される人にガッチリついて、最後に抜き去り、相手の体調を見ながらスパートをかけるということが常に行われています。やはり世の中の動きは、一番手で行くとわからないこともありますし、ときには思い違いをしてしまうこともあります。結果的に、そこに投資したさまざまなコストがすべてマイナスになってしまうことがあるのです。

しかし、一番手がさまざまな宣伝をし、調査をし、市場に実際に売り出してそれが成功した場合に、それに勝る商品を続けて出していくことによって、確実に儲けていくということは誰にでもできることです。その誰にでもできることで、仕事をうまくやっていくことに、企業の安定的な成長があると思います。

このように、**先行している企業のやり方をうまく取り入れながら、自分のビジネスチャンスを見つけていくという方法も、ときには必要であることを知っておきましょう。**

使える名言

誰かの真似をして成功するより、自分でやってみて失敗するほうがためになる。

——ハーマン・メルヴィル（作家）

100

ビジネスで大切なのは結局、儲かるかどうかである

仕事でいろいろなアイデアを出したり、ミーティングをしていく上で、「これは、なかなか良いアイデアである」「良い方法である」ということが言われます。しかし、それをやれば儲かるのか、あるいは損をするのか、ということが忘れられている場合があります。

ビジネスで肝心なのは、儲かることです。

儲かるということは、企業が潤い企業が潤えば社員も潤う、社員が潤えば社会が潤うということです。このように必ず成功させてみせるといった手順、裏づけといったものを考えながら、仕事をしていくことが必要です。

「良いアイデアで、儲かるかもしれないが、根拠がはっきりしない」と言われるようではいけません。

「こうすれば、必ず儲かる。その裏づけはこうである」という、はっきりとした設計図がなければ、私たちのビジネスは進まないのです。

また、**そこまで互いに知恵を絞って考え、互いに仕事をしていくことこそ、まさにビジネスであり、仕事と言えるものなのです**。

いけないと思うのは、付け焼き刃の「思いつき」ではないでしょうか。会議で何か発言しなければならないということで、苦し紛れに提案するものは、そこになんの工夫がありませんから、「あれは思いつきで無責任だ」とすぐに見抜かれてしまうに違いないのです。

そのような、みっともない仕事の姿勢だけはとってはいけないと思います。いくら遊びや個人的なことで頭がいっぱいなときでも、責任感があるならば、どこかで時間を見出し、責任を果たすような仕事や提案をしっかりとしてくるのではないかと思います。したがって、私たちは無責任な考えで仕事をしても、決して会社にプラス価値をもたらすことはないということをはっきりと認識しながら、役に立つ社員としての立場を貫きたいと思います。

使える名言

君の胸から出た言葉でなければ、人の心を惹きつけることは決してできない。

——ゲーテ（劇作家）

101 マンネリズムの商品を作ってはいけない

「企業の寿命は30年」とかつて言われました。今でもおそらくそうでしょう。

みんなと同じようにすれば儲かるから、自分も真似するということは、裏を返せば、みんなが失敗したときに自分も失敗するということになってしまいます。

会社には、会社の基本的な製品、モットーというものがあります。

どこの誰がどうであろうと、我が社だけはこうやっていこうという独自性がなければ、会社は生き残ることはできません。毎月のようにたくさんの企業が倒産しています。

会社ができては倒産し、そのくり返しです。倒産する会社は何も新しい会社だけではなく、古い会社が倒産していく場合もあります。

その倒産の原因は、結局はマンネリズムであり、新しいことを常に追求し、新しいニーズに応える、あるいは新しいニーズを作っていく、社会をリードしていくといったエネルギッシュな姿勢がないところにそのような倒産の芽が生まれてくるわけです。

私たちはどんな立場にあっても、その立場で常に斬新なアイデアと次への活路を見出すべく、いろいろと考えていく必要があるのではないでしょうか。

たとえ、どんな立場であれ、将来は独立開業していくような人であっても、常に現状に甘んぜず新しいことを考えるという姿勢がなければ、成功することはありません。

誰も考えなかったような奇想天外な商品が馬鹿売れしたりします。誰も「こんなもの、売れないだろう」と思った商品が売れ、「これは売れるだろう」と思った商品が逆に売れない場合もあります。

そのように、商品やサービスとは、世の中に出してみなければわからないものなのです。それをいかにうまく操縦していくか、仕事の中でいかに生み出していくか、ということは、たくさんの努力をし、たくさんの試みをしながら、その中からたまたま良いものができる、ヒット商品ができるという結果が出ることを知らなければなりません。

使える名言

誰かの行動を眺めている側から、自ら行動を起こす側に回る決意をすれば、可能性は莫大なものになる。

——バーナード・ショー（劇作家）

102 ビジネスは、タイミングをいかにとらえるか

ビジネスにおいて、タイミングの大切さはよく言われます。寒い冬に冷房を売ったところで売れるわけはありません。また、2月～3月の入居者の大移動時に部屋を貸さないで、5月～6月に貸そうとしてもなかなか貸せるものではありません。また、流行が廃れてからその廃れたような商品を売り出したところで、これまた売れるものではありません。しかし、私たちも、このようにタイミングを逸した、すなわち独りよがりの仕事をしていることはないでしょうか。

世の中の動きの中には、さまざまなものがあります。**私たちはタイミングをとらえながら、最も効果的なときに効果的なものを作ったりサービスを提供することがビジネスにおいて必要であると思います**。そのタイミングは常に考えていなければなりません。

「あのとき、タイミングは良かったが、今はタイミングが悪い」という打率が悪いようなタイミングのとり方は間違っています。

常に、どんな状況におかれても、タイミングよく仕事ができることが私たちに課せられた最大のテーマではないでしょうか。

そのような意味で、毎日毎日タイミングよく仕事をしているか、タイミングの良い考え方を持っているかについて、チェックしながら仕事をし、それを上司にも報告し、さらにみんなで討議し、常に良い成果が得られるようにしていきたいものです。

このタイミングをうまくとらえるかどうかは、私たちが自分の都合を優先にするのではなく、あくまでも仕事に対する責任を第一にしていくところに可能性があるのではないでしょうか。

社会の動きに、いかに自分を合わせていくかが大切ではないでしょうか。自分優先ではなにも成すことはできません。結局は、常に後塵を拝してしまうような、だらしのない結果になってしまうのです。

使える名言

重要なのはスピードそのものではない。慌てず、忍耐強く、適切なタイミングで、プロセスに必要な段階を全て踏むことが大切なのである。

——カルロス・ゴーン（日産自動車CEO）

103

先義後利で、やっていこう

最近は消費者の目がたいへん肥えてきています。また、取引相手の目もこれまた多くの取引先と仕事をしているわけですから、そんなに儲かるということはありません。

これは、ある面では余裕がなければできないことですが、先義《せんぎ》、すなわち先に相手に義理を与える、相手にプラスを与えることによって、後利《こうり》、すなわち後で利益を得るという余裕が必要なのではないでしょうか。

とにかく、取引相手に対しては、先方がプラスになるようなことを有形無形に関わらずしてあげる。そうすることによって、当然ながら自分の会社との取引先というものは幅が増え、そして関係も深くなってきます。

そのつき合いの中で次第に利益がかさ上げされ、収益や売上高も伸びてくるわけです。

そのように、**まず先方に義理を売る、誠実を売る、プラスを売るといった行動をまず行う。そして後から実りを刈り取るように利益を得ていく。これがビジネスの本道ではない**

でしょうか。

私たちは日ごろの商売においてあまりに利に走りすぎてはいないでしょうか。目先の利ばかりに走りますと、一回だけは儲かるかもしれませんが、継続的な利益は上がるものではありません。「一見の客」というつき合いは、あまりしてはなりません。

なぜならば、企業とは1日や1カ月もったただけではどうにもならないのです。最初の1～2年はたとえ赤字であっても、5年、10年といった長い期間の中で次第に規模を大きくし、収益力を高めていく。その長期的な見通しの中で仕事をしていくことが大切なわけであり、**仕事をすればするほど、その期間が長いほど企業の基盤が安定していくという形にしなければなりません**。

そのような意味で、日ごろから取引相手に対する態度は失礼のないようにしていくことが大切であることを骨身に感じて、私たちはやっていくべきであろうと思います。

使える名言

夫婦関係と同じように、ビジネスでも見返りを求めません。儲けようとすると、お客さんは逃げていきます。喜んでもらえればいいのです。

――似鳥昭雄（ニトリ社長）

104

ヒット商品が出たときこそ、お客様重視の姿勢を忘れない

ビジネスには、浮き沈みというものがあり、また時の流行というものもあります。最近のビジネスを見ていると、インターネットで話題になったものがたいへんな人気を呼び、それこそ店頭に並んでも買えないというような状況があります。

もし買えない商品に対して通常の価格よりも2〜3倍の値段をつけたとしてもたぶん売れるでしょう。しかし、問題は、そのようなことをやっていると、一時的には売れるものの、やがて消費者の心は離れていってしまうものです。

そこが私たちの肝心な仕事のやり方です。小売店や取引先は売れるために頭を下げてやってくる。しかし、それはたまたま売れたからやってくるわけです。

そのようなときこそ丁重に取り計らい、「ただいま品切れですが、何月何日には間に合いますのでお待ちください」というように対応しなければなりません。

しかし、そういうときは、往々にしてにつっけんどんに応えてしまったりします。ある

いは値段をつり上げたり、相手の顔色を見ながら儲けようとします。そのようなことをすると、もし今度こちらが社会の流行に合わないものを作ってしまった場合、小売店や取引先は決して相手にしようとしてくれません。すなわち、**あくまでも誠意で商売をしていくということが大切です**。誠意で商売すれば先方もこちらの商品について、たとえ売れそうのないものであっても、それなりに販売努力をしてくれるというものです。

売れる売れないは、お客さまの前に商品があってはじめて実現することであり、お客さまの前になくては売れるはずもないのです。どんな品物でも、お客さまの前に並び、お客さまの目に触れるところにあってこそ、はじめて評価が出るわけであり、どんな地味なものでも意外に売れるというものが中にあるわけです。

したがって、**私たちはヒット商品を放ったときこそ、次回大きく落ち込まないために粘り腰の仕事をしていかなければならないと思います**。

使える名言

成功は最低の教師である。賢い人間をだまし、失敗するわけがないと思いこませてしまうからだ。

――ビル・ゲイツ（マイクロソフト創業者）

105
商売のコツは、いかに費用をかけないで効果を表すか

商売とは、サービス業です。単に物を売るというだけでなく、情報を売る、アイデアを売るなど、さまざまなものが今日の企業社会には存在しています。

もちろん、そのサービスには対価が伴い、その収入によって企業は潤います。

大切ことは「お金さえかけなければ良い」「金に糸目はつけない」というような考えであってはならない、ということです。

最小の費用で最大の効果を上げるか、費用を少なくして、先方にとって最も喜ばれるサービスを提供することが、商売におけるサービスではないかと思います。

ときには相手の会社に行って、意見を聞く、アドバイスをする、これもサービスです。

また、お店に来たお客さまに心から「ありがとうございます」と頭を下げることもサービスなのです。

店はきれいである。店物は良い。売れてあたりまえである。したがって威張っている。こ

れではなんのための商売かわかりません。せっかくの良い品物も、そのサービス精神、お客さまに対する心の表れ方が商品にも乗りうつり、悪く見えてしまうのです。

人間は、物事すべてを物理的に考えるわけではありません。互いに心と心、信頼と友情の絆で、結ばれる関係を重視します。

「お得意さま」という言葉がありますが、これは物で結ばれる関係ではありません。「あの人の所に行くと、なんとなく楽しい」「愛想が良い」「いろいろな話ができる」といったことがそのお店を繁栄させ、さらには固定客を確保します。他店より高くてもその高い商品を売ることで相手とのコミュニケーションをより深めるということがあると思います。

このように、**商売においては、いかに費用をかけるかではなく、こちらの真心をサービス精神で成績を伸ばしていくポイントがあることを知っておかなければならない**と思います。

使える名言

お客様には常に少しでも多く付加価値を与えるんだ。もし人が来なくなってしまって、再び来てもらおうとしたら10倍の費用がかかるのだから。

――ウォルト・ディズニー（ウォルト・ディズニー創業者）

106

謙虚な姿勢こそ、一流であることの証明

私たちが何かに成功したとき、「それは自分の力だ」「自分の腕だ」と思うことがあります。確かにそうです。力のある人が、力の必要な仕事を成し遂げる。これは当然のことです。逆に怠けたり、力をつけない人が良い仕事ができないのも当然のことです。

したがって、**私たちは仕事に成功するために、良い成果を上げるために、常に腕を磨き、力をつけていかなければなりません**。

その腕を磨くときに、さらに大きな仕事をやり遂げ、成功を成し遂げることができます。また、大きな収益を上げることもできます。そのためには、常に腕を磨くことが大切です。

腕を磨くということは、勉強する、先輩から教わる、聞く耳を持つ、苦労して一つの物事をやり遂げるなど、いろいろなことがあると思います。

そのいろいろなことをすべて尻込みせずに受け止めて、前進的にとらえていくことが自分の腕を磨くことであり、仕事に成功することであると思います。

仕事が順調にいくとき、私たちは「俺は大したものだ」とおごり高ぶります。しかし、そのままでいると、そこが落とし穴になり、次の仕事で失敗することが多くあります。それはなぜかというと、有頂天になって努力をやめてしまうからです。

私たちは、もっと仕事に貧欲になりましょう。**一つの仕事が成功しても、あたりまえであると思って、次の仕事を伸ばしていく。このような飽くなき追求の中に、大きな成功、前進、拡大が待っていると考えなければならないと思います**。

ちょっとしたことに満足してしまう人は、それ以上のレベルに上がれません。世の中には、もっとすごいレベルの人がいて、もっと頑張っている人がいます。

その人たちの姿を目標にして、腕を磨き、力をつけ、一流の人物になっていこうではありませんか。それは、取りも直さず、一流の仕事を成し遂げ、社会の人たちに受け入れられる自分になるという要因にほかなりません。

使える名言

やっかいなのは、何も知らないことではない。実際に知らないのに、知っていると思い込んでしまっていることだ。

――マーク・トウェイン（作家）

巻末資料

月別朝礼
トピック集

1月

旧暦名	**睦月（むつき）**……親族が集まって宴を行う「睦び月」説が有力
祝祭日	**元日（1日）**……新しい年の始まりを祝う **成人の日（第2月曜日）**……20歳を迎えた成年を励ます
主な行事	初詣、仕事始め、新年会、初売り出し、箱根駅伝、書き初め、寒中見舞い、センター試験、大相撲初場所
主な記念日	1日（鉄腕アトムの日）、3日（駆け落ちの日）、4日（石の日）、5日（いちごの日）、6日（ショートケーキの日）、7日（爪切りの日、銀の日）、8日（勝負事の日）、9日（とんちの日）、10日（明太子の日）、11日（塩の日）、12日（スキーの日）、13日（たばこの日）、14日（タロとジロの日）、15日（アダルトの日）、16日（禁酒の日）、17日（おむすびの日）、18日（都バス記念日）、19日（カラオケの日）、20日（玉の輿の日）、21日（料理番組の日）、22日（ジャズの日、カレーの日）、23日（電子メールの日、アーモンドの日）、24日（金の日）、25日（ホットケーキの日、中華まんの日、左遷の日、お詫びの日）、26日（文化財防火デー、パーキングメーターの日）、27日（国旗制定記念日、求婚の日）、28日（コピーライターの日、セレンディピティの日）、29日（タウン情報の日）、30日（3分間電話の日）、31日（生命保険の日、愛妻家の日）
この月に生まれた主な人物	上杉謙信（1530～1578）、豊臣秀吉（1536～1598）、伊能忠敬（1745～1818）、勝海舟（1823～1899）、夏目漱石（1867～1916）、湯川秀樹（1907～1981）、ジャンヌ・ダルク（1412～1431）、ニュートン（1642～1727）、モンテスキュー（1689～1755）、フランクリン（1706～1790）、モーツァルト（1756～1791）、シューベルト（1797～1828）、シュリーマン（1822～1890）、シュバイツアー（1875～1965）、ボーボワール（1908～1936）、キング牧師（1929～1968）
主な出来事	1日（1863年：アメリカで奴隷解放宣言、1963年：日本初の国産アニメ『鉄腕アトム』放送開始）、1999年：欧州単一通貨ユーロ導入）、3日（1868年：戊辰戦争開戦）、10日（1863年：ロンドンで世界初の地下鉄が開通）、17日（1989年：湾岸戦争開戦、1995年：阪神淡路大震災）、20日（2009年：オバマ、黒人として初の米国大統領に就任）

2月

旧暦名	**如月（きさらぎ）**……1年間で最も寒く、「衣を更に着る月」という説が有力
祝祭日	**建国記念の日（1日）**……建国をしのび、国を愛する心を養う
主な行事	節分（3日）、バレンタインデー（14日）、東京マラソン、冬季オリンピック、プロ野球オープン戦、大学高校受験、確定申告、さっぽろ雪まつり
主な記念日	1日（ニオイの日）、2日（頭痛の日）、3日（大岡越前の日）、4日（西の日）、5日（プロ野球の日）、6日（抹茶の日、ブログの日）、7日（北方領土の日）、8日（ロカビリーの日）、9日（肉の日）、10日（ふとんの日）、11日（万歳三唱の日）、12日（ブラジャーの日）、13日（銀行強盗の日）、14日（煮干の日、姉の日）、15日（春一番名づけの日）、16日（寒天の日）、17日（天使のささやきの日）、18日（嫌煙運動の日）、19日（プロレスの日）、20日（歌舞伎の日、アレルギーの日）、21日（漱石の日、国際母語デー）、22日（国際友愛の日、猫の日、忍者の日、竹島の日）、23日（税理士記念日、富士山の日）、24日（クロスカントリーの日、月光仮面登場の日）、25日（夕刊紙の日）、26日（脱出の日、咸臨丸の日、血液銀行開業記念日）、27日（新選組の日、絆の日）、28日（ビスケットの日、バカヤローの日）、29日（キン肉マンの日、円満離婚の日）
この月に生まれた主な人物	渋沢栄一（1840～1931）、植村直己（1941～1984）、コペルニクス（1473～1543）、ガリレイ（1564～1642）、ワシントン（1732～1799）、ユーゴー（1802～1885）、メンデルスゾーン（1809～1847）、リンカーン（1809～1865）、ダーウィン（1809～1882）、ディケンズ（1812～1870）、ベルヌ（1828～1905）、ルノアール（1841～1919）、エジソン（1847～1931）、アンナ・パブロア（1881～1931）、ベーブ・ルース（1895～1948）、リンドバーグ（1902～1974）、スティーブ・ジョブズ（1955～2011）
主な出来事	1日（1953年：NHKがテレビ本放送開始、1976年：「徹子の部屋」放送開始）、8日（1959年：黒部トンネル貫通）、10日（1904年：日露戦争開戦）、14日（1973年：外国為替が変動相場制に）、18日（1978年：初の世界トライアスロン大会開催）、19日（1878年：エジソンが蓄音機を発明、1972年：あさま山荘事件）、26日（1936年：二・二六事件）

3月

旧暦名	**弥生（やよい）**……草木がいよいよ生い茂る、「木草弥や生い月（きくさいやおひづき）」を略して「やよひ」になったという説が有力
祝祭日	**春分の日（20・21日頃）**……自然を讃え、生物を慈しむ
主な行事	ひな祭り（3日）、卒業式、卒園式、ホワイトデー（14日）、引越し、高校野球選抜大会、決算、大相撲春場所
主な記念日	1日（ビキニデー、マーチの日）、2日（ミニチュアの日）、3日（金魚の日、結納の日、サルサの日、サザンの日）、4日（ミシンの日、サッシの日）、5日（ミスコンの日）、6日（弟の日、スポーツ新聞の日）、7日（消防記念日）、8日（エスカレーターの日）、9日（ありがとうの日）、10日（砂糖の日、水戸の日、ミントの日）、11日（コラムの日、パンダ発見の日）、12日（サイフの日）、13日（気くばりの日）、14日（マシュマロデー、数学の日）、15日（オリーブの日）、16日（国立公園指定記念日）、17日（漫画週刊誌の日）、18日（精霊の日）、19日（ミュージックの日）、20日（電卓の日）、21日（ランドセルの日）、22日（国連水の日）、23日（世界気象デー）、24日（マネキン記念日）、25日（電気記念日）、26日（カチューシャの歌の日）、27日（さくらの日）、28日（シルクロードの日）、29日（マリモの日）、30日（マフィアの日）、31日（経理の日）
この月に生まれた主な人物	樋口一葉（1872～1896）、和辻哲郎（1889～1960）、黒澤明（1910～1998）、安藤百福（1910～2007）、山下清（1922～1971）、ミケランジェロ（1475～1564）、ビバルディ（1678～1740）、バッハ（1685～1750）、ショパン（1810～1849）、リビングストン（1813～1873）、イプセン（1828～1906）、ベル（1847～1922）、ゴッホ（1853～1890）、ディーゼル（1858～1913）、ゴーリキー（1868～1936）、アインシュタイン（1879～1955）、グレン・ミラー（1904～1944）、ガガーリン（1934～1968）、アイルトン・セナ（1960～1994）
主な出来事	1日（1871年：郵便制度発足）、7日（1918年：松下幸之助が松下電器を創業）、10日（1945年：東京大空襲）、11日（2011年：東日本大震災）、13日（2004年：九州新幹線開業）、15日（1972年：山陽新幹線開業）、20日（1995年：地下鉄サリン事件）、26日（2016年：北海道新幹線開業）、31日（1889年：エッフェル塔完成）

4 月

旧暦名	**卯月（うづき）**……卯の花が咲く「卯の花月（うのはなづき）」を略した説が有力。
祝祭日	**昭和の日（29 日）**……激動の日々を経て復興を遂げた昭和の時代を顧み、国の将来の思いをいたす
主な行事	入社式、入学式、入園式、エイプリルフール（1 月）、歓迎会、法改正、増税、プロ野球ペナントレース開幕
主な記念日	1 日（トレーニングの日）、2 日（歯列矯正の日）、3 日（いんげん豆の日）、4 日（あんぱんの日、トランスジェンダーの日）、5 日（ヘアカットの日）、6 日（コンビーフの日、北極の日）、7 日（スーチーパイの日）、8 日（参考書の日、忠犬ハチ公の日）、9 日（フォークの日、左官の日）、10 日（ヨットの日、四万十の日）、11 日（ガッツポーズの日）、12 日（世界宇宙飛行の日）、13 日（喫茶店の日）、14 日（柔道整復の日）、15 日（ヘリコプターの日）、16 日（女子マラソンの日）、17 日（ハローワークの日、恐竜の日）、18 日（お香の日）、19 日（地図の日）、20 日（女子大の日）、21 日（民放の日）、22 日（清掃デー）、23 日（サン・ジョルディの日、地ビールの日）、24 日（日本ダービー記念日、植物学の日）、25 日（ギロチンの日、歩道橋の日）、26 日（よい風呂の日）、27 日（哲学の日、悪妻の日）、28 日（シニアの日）、29 日（羊肉の日）、30 日（図書館記念日）
この月に生まれた主な人物	法然（1133 ～ 1212）、親鸞（1173 ～ 1262）、山本五十六（1884 ～ 1943）、小林秀雄（1902 ～ 1983）、中原中也（1907 ～ 1937）、ブッダ（紀元前 560 頃～紀元前 480 頃）、ダ・ビンチ（1452 ～ 1519）、シェイクスピア（1564 ～ 1616）、カント（1724 ～ 1804）、ジェファーソン（1743 ～ 1826）、ドラクロワ（1798 ～ 1863）、アンデルセン（1805 ～ 1875）、レーニン（1870 ～ 1924）、チャップリン（1889 ～ 1977）、カラヤン（1908 ～ 1989）、オスカー・シンドラー（1908 ～ 1974）、ワンガリ・マータイ（1940 ～ 2011）
主な出来事	1 日（1914 年：宝塚少女歌劇団第一回公演、1929 年：初の国産ウィスキー発売、1985 年：NTT 発足、1987 年：JR 発足、1989 年：消費税施行）、4 日（1968 年：キング牧師暗殺）、6 日（1896 年：第 1 回近代オリンピック開催）、14 日（1912 年：タイタニック号沈没）、15 日（1983 年：東京ディズニーランド開園）

5月

旧暦名	**皐月（さつき）**……田植えをする「早苗月（さなえつき）」が短くなったもの
祝祭日	**憲法記念日（3日）**……日本国憲法の施行を記念し、国の成長を期する **みどりの日（4日）**……自然に親しむとともにその恩恵に感謝し、豊かな心を育む **こどもの日（5日）**……こどもの人格を重んじ、こどもの幸福をはかるとともに、母に感謝する
主な行事	ゴールデンウィーク、母の日（第二日曜日）、メーデー（1日）、大相撲夏場所
主な記念日	1日（青春の日）、2日（郵便貯金の日）、3日（ゴミの日）、4日（名刺の日、音楽の日）、5日（おもちゃの日、わかめの日）、6日（ゴムの日）、7日（粉の日、博士の日）、8日（松の日、ゴーヤーの日）、9日（アイスクリームの日、黒板の日）、10日（コットンの日、愛鳥の日）、11日（長良川鵜飼開きの日）、12日（看護の日）、13日（カクテルの日、2文字スピーチの日）、14日（温度計の日）、15日（ヨーグルトの日、Jリーグの日）、16日（旅の日）、17日（パック旅行の日）、18日（国際博物館の日）、19日（ボクシング記念日）、20日（世界計量記念日）、21日（リンドバーグ翼の日）、22日（ガールスカウトの日）、23日（キスの日）、24日（ゴルフ場記念日）、25日（食堂車の日）、26日（ラッキーゾーンの日）、27日（百人一首の日）、28日（ゴルフ記念日）、29日（呉服の日、こんにゃくの日）、30日（消費者の日、掃除機の日）、31日（世界禁煙デー）
この月に生まれた主な人物	織田信長（1534～1582）、円山応挙（1733～1795）、小林一茶（1763～1827）、西田幾多郎（1870～1945）、チンギス・ハン（1162～1227）、ナイチンゲール（1820～1910）、チャイコフスキー（1840～1893）、アンリ・ルソー（1844～1910）、フロイト（1856～1939）、コナン・ドイル（1857～1930）、ハワード・カーター（1874～1939）、ケネディ（1917～1963）、オードリー・ヘップバーン（1929～1990）
主な出来事	4日（1979：サッチャー、英国史上初の女性首相に就任）、7日（1872年：日本初の鉄道開通）、9日（1994年：ネルソン・マンデラが南アフリカで初の黒人大統領に就任）、15日（1932年：五・一五事件、1972年：沖縄返還）、18日（1804年：ナポレオン、フランス皇帝に就任）、20日（1978年：成田空港開港）、26日（1969年：東名高速道路全線開通）

6月

旧暦名	**水無月（みなづき）**……梅雨が明けて水が涸れてなくなる月という意味が有力
祝祭日	
主な行事	夏至（21日頃）、梅雨入り、父の日（第三日曜日）、衣替え、ワールドカップ、賞与、ジューンブライド
主な記念日	1日（麦茶の日、チューインガムの日）、2日（裏切りの日）、3日（ムーミンの日）、4日（虫の日）、5日（環境の日）、6日（補聴器の日、梅の日、かえるの日、兄の日）7日（むち打ち治療の日）、8日（バイキングの日）、9日（ロックの日）、10日（路面電車の日、歩行者天国の日）、11日（雨漏り点検の日）、12日（恋人の日、日記の日）、13日（鉄人の日、はやぶさの日）、14日（フラッグデー）、15日（暑中見舞いの日）、16日（和菓子の日、無重力の日）、17日（薩摩の日）、18日（海外移住の日）、19日（元号の日、朗読の日）、20日（難民の日）、21日（スナックの日）、22日（かにの日、ボウリングの日）、23日（沖縄慰霊の日）、24日（UFO記念日、ドレミの日）、25日（住宅デー）、26日（露天風呂の日）、27日（演説の日、日照権の日、女性雑誌の日、ちらし寿司の日）、28日（貿易記念日、パフェの日）、29日（佃煮の日）、30日（トランジスタの日）
この月に生まれた主な人物	空海（774～835）、木戸孝允（1833～1877）、太宰治（1909～1948）、パスカル（1623～1662）、ピョートル一世（1672～1725）、ジャン・ジャック・ルソー（1712～1778）、アダム・スミス（1723～1790）、シューマン（1810～1856）、ゴーギャン（1848～1903）、ガウディ（1852～1926）、ヘレン・ケラー（1880～1968）、ケインズ（1883～1946）、サンテグジュペリ（1900～1944）、サルトル（1905～1980）、チェ・ゲバラ（1928～1967）アンネ・フランク（1929～1945）
主な出来事	4日（1989年：中国で天安門事件）、5日（1971年：新宿の京王プラザホテル開業）、3日：（1945年：沖縄戦終了）、25日（1869年：士農工商の身分制度廃止、1952年：朝鮮戦争勃発）、23日（1982年：東北新幹線開業）、26日（1966年：ビートルズ初来日）、28日（1914年：第一次世界大戦勃発）、29日（2007年：アップルがiPhone発売開始）

7月

旧暦名	**文月（ふみづき）**……七夕に詩歌を献じたり書物を夜風に曝す風習があるからというのが通説
祝祭日	**海の日（第３月曜）**……海の恩恵に感謝するとともに、海洋国日本の繁栄を願う
主な行事	七夕まつり、祇園際、梅雨明け、お中元、暑中見舞い、土用丑の日、プロ野球オールスターゲーム、大相撲名古屋場所、親子の日（第四日曜日）
主な記念日	１日（建築士の日、弁理士の日）、２日（たわしの日）、３日（ソフトクリームの日、通天閣の日）、４日（梨の日）、５日（ビキニスタイルの日、穴子の日）、６日（公認会計士の日、ゼロ戦の日）、７日（カルピスの日、冷やし中華の日）、８日（質屋の日、ナンパの日）、９日（ジェットコースターの日）、10 日（納豆の日）、11 日（世界人口デー）、12 日（人間ドックの日）、13 日（オカルト記念日、２文字スピーチの日）、14 日（検疫記念日、求人広告の日）、15 日（ファミコンの日）、16 日（駅弁記念日）、17 日（東京の日）、18 日（光化学スモッグの日）、19 日（女性大臣の日）、20 日（ハンバーガーの日、Tシャツの日）、21 日（自然公園の日）、22 日（げたの日）、23 日（米騒動の日）、24 日（劇画の日）、25 日（かき氷の日）、26 日（幽霊の日）、27 日（スイカの日）、28 日（冷蔵庫記念日）、29 日（アマチュア無線の日）、30 日（梅干の日）、31 日（蓄音機の日）
この月に生まれた主な人物	柳田国男（1875 ～ 1962）、谷崎潤一郎（1886 ～ 1965）、円谷英二（1901 ～ 1970）、アレキサンダー大王（紀元前 356 ～紀元前 323）、メンデル（1822 ～ 1884）、ロックフェラー（1839 ～ 1937）、ヘンリー・フォード（1863 ～ 1947）、プルースト（1871 ～ 1922）、アムンセン（1872 ～ 1928）、ヘルマン・ヘッセ（1877 ～ 1962）、カフカ（1883 ～ 1924）、シャガール（1887 ～ 1985）、ジャン・コクトー（1889 ～ 1963）、ヘミングウェイ（1898 ～ 1961）、ネルソン・マンデラ（1918 ～ 2013）
主な出来事	１日（1954 年：自衛隊発足、1965 年：名神高速道路全線開通、ソニー「ウォークマン」発売）、４日（1789 年：フランス革命始まる、1871 年：廃藩置県）、17 日：（1966 年：「ウルトラマン」放送開始）、19 日（1903 年：第一回ツール・ド・フランス）、20 日（1971 年：日本マクドナルド第一号店開店）、29 日（パリ凱旋門完成）

8 月

旧暦名	**葉月（はづき）**……木の葉が紅葉して落ちる「葉落ち月」説が有力
祝祭日	**山の日（11日）**……山に親しむ機会を得て、山の恩恵に感謝する
主な行事	ねぶた祭、阿波踊り、よさこい祭、お盆、台風、夏の甲子園大会、夏季休暇
主な記念日	1日（肺の日、パインの日）、2日（パンツの日、ハーブの日）、3日（はちみつの日、はさみの日）、4日（橋の日、箸の日）、5日（タクシーの日、ハードコアの日）、6日（ハムの日）、7日（鼻の日、花の日、バナナの日）、8日（そろばんの日）、9日（野球の日、ハグの日）、10日（道の日）、11日（スポーツ中継の日）、12日（国際青少年デー）、13日（深読みの日）、14日（特許の日）、15日（終戦の日）、16日（女子大生の日）、17日（パイナップルの日、プロ野球ナイター記念日）、18日（高校野球記念日）、19日（バイクの日、俳句の日）、20日（蚊の日）、21日（噴水の日、献血記念日）、22日（チンチン電車の日）、23日（白虎隊の日）、24日（大噴火の日）、26日（レインボーブリッジの日、ユースホステルの日）、27日（寅さんの日）、28日（バイオリンの日）、29日（焼き肉の日、ケーブルカーの日）、30日（冒険家の日）、31日（野菜の日）
この月に生まれた主な人物	最澄（768～822）、吉田松陰（1830～1859）、大久保利通（1830～1878）、高杉晋作（1839～1867）、新渡戸稲造（1862～1933）、滝廉太郎（1879～1903）、宮沢賢治（1896～1933）、司馬遼太郎（1923～1996）、乾隆帝（1711～1799）、ゲーテ（1749～1832）、ナポレオン（1769～1821）、モーパッサン（1850～1893）、シートン（1860～1946）、ドビュッシー（1862～1918）、ココ・シャネル（1883～1971）、マザー・テレサ（1910～1999）、アームストロング（1930～2012）マイケル・ジャクソン（1958～2009）
主な出来事	4日（1899年：日本初のビアホール開店）、6日（1926年NHK設立、1945年：広島に原子爆弾投下）、9日（1945年：長崎に原子爆弾投下）、15日（1945年：終戦の玉音放送）、25日（1931年：羽田空港開港、1958年：世界初の即席ラーメン「チキンラーメン」発売）、27日（1969年：映画『男はつらいよ』第一作公開）

9月

旧暦名	**長月（ながつき）**……「夜長月（よながつき）」の略という説が有力
祝祭日	**敬老の日（第3月曜）**……多年にわたり社会に尽くしてきた老人を敬愛し、長寿を祝う **秋分の日（23日頃）**……祖先を敬い、亡くなった人をしのぶ
主な行事	シルバーウィーク、お月見、十五夜、大相撲秋場所
主な記念日	1日（防災の日、キウイの日）、2日（宝くじの日、牛乳の日）、3日（ベッドの日、草野球の日）、4日（くしの日）、5日（石炭の日、国民栄誉賞の日）、6日（黒の日、妹の日）、7日（クリーナーの日）、8日（ニューヨークの日、国際識字デー）、9日（救急の日、九九の日）、10日（下水道の日、クレジットカードの日）、11日（警察相談の日、公衆電話の日）、12日（宇宙の日）、13日（世界法の日）、14日（メンズバレンタインデー）、15日（ひじきの日）、16日（競馬の日）、17日（モノレール開業記念日）、18日（かいわれ大根の日）、19日（苗字の日）、20日（バスの日、お手玉の日）、21日（ファッションショーの日）、22日（孤児院の日）、23日（不動産の日、万年筆の日）、24日（清掃の日）、25日（10円カレーの日）、26日（ワープロの日）、27日（世界観光の日）、28日（パソコン記念日）、29日（クリーニングの日、招き猫の日）、30日（くるみの日）
この月に生まれた主な人物	葛飾北斎（1760～1849）、伊藤博文（1841～1909）、正岡子規（1867～1902）、吉田茂（1878～1967）、孔子（紀元前552～紀元前479）、マルコ・ポーロ（1254～1324）、エリザベス一世（1533～1603）、トルストイ（1828～1910）、ドボルザーク（1841～1904）、パブロフ（1849～1936）、H.G.ウェルズ（1866～1946）、魯迅（1881～1936）、カーネル・サンダース（1890～1980）、アガサ・クリスティ（1890～1976）
主な出来事	1日（1923年：関東大震災）、3日（1977年：王貞治がホームラン世界新記録を達成）、4日（1994年：関西国際空港開港）、8日（1951年：サンフランシスコ講和条約調印）、11日（2001年：アメリカ同時多発テロ）、15日（2008年：リーマンショック）、17日：1964年：東京モノレール開業）、29日（1972年：日中国交正常化）

10月

旧暦名	**神無月（かんなづき）**……出雲大社に全国の神が集まって1年のことを話し合うため、「出雲以外に神様がいなくなる月」という説が有力
祝祭日	**体育の日（第２月曜）**……スポーツに親しみ、健康な心身を培う
主な行事	運動会、衣替え、ハロウィン（31 日）
主な記念日	1日（コーヒーの日、日本酒の日）、２日（豆腐の日）、３日（登山の日）、４日（証券投資の日）、５日（レモンの日）、6日（国際協力の日）、7日（ミステリー記念日）、8日（入れ歯の日）、９日（トラックの日）、10 日（銭湯の日）、11 日（ウィンクの日）、12 日（石油機器点検の日）、13 日（引越しの日）、14 日（鉄道の日）、15 日（たすけあいの日）、16 日（ボスの日）、17 日（貯蓄の日）、18 日（統計の日）、19 日（海外旅行の日）、20 日（リサイクルの日、新聞広告の日）、21 日（あかりの日）、22 日（方言の日、パラシュートの日）、23 日（津軽弁の日）、24 日（ツーバイフォー住宅の日）、25 日（リクエストの日）、26 日（原子力の日）、27 日（読書の日）、28 日（速記記念日）、29日（ホームビデオ記念日）、30 日（初恋の日）、31 日（日本茶の日）、第一土曜日（いわしの日）、第三日曜日（孫の日）
この月に生まれた主な人物	江戸川乱歩（1894 ～ 1965）、ミレー（1814 ～ 1975）、ドストエフスキー（1821 ～ 1881）、ノーベル（1833 ～ 1896）、ニーチェ（1844 ～ 1900）、オスカー・ワイルド（1854 ～ 1900）、孫文（1866 ～ 1925）、マハトマ・ガンジー（1869 ～ 1948）、ピカソ（1881 ～ 1973）、蒋介石（1887 ～ 1975）、ロバート・キャパ（1913 ～ 1954）、アーサー・ミラー（1915 ～ 2005）、サッチャー（1925 ～ 2013）、ジョン・レノン（1940 ～ 1980）
主な出来事	1日（1949 年：中華人民共和国建国、1964 年：東海道新幹線開業、1997 年長野〈現・北陸〉新幹線開業）、２日（1985 年：関越自動車道開通）、3日（1990 年：東西ドイツ統一）、10 日（1964 年：東京オリンピック開幕）、13 日（1884 年：グリニッジ世界標準時指定）、19 日（1987 年：ブラック・マンデー）、24 日（1945 年：国際連合発足）

11月

旧暦名	**霜月（しもつき）**……霜が降る月という意味
祝祭日	**文化の日（3日）**……自由と平和を愛し、文化を進める **勤労感謝の日（23日）**……勤労を尊び、生産を祝い、国民互いに感謝しあう
主な行事	七五三、ボージョレヌーヴォー解禁、大相撲九州場所
主な記念日	1日（犬の日、古典の日）、2日（阪神タイガース記念日）、3日（文具の日、ゴジラの日、いいお産の日）、4日（消費者センター開設記念日）、5日（雑誌広告の日）、6日（お見合い記念日）、7日（鍋の日）、8日（レントゲンの日、刃物の日）、9日（119番の日）、10日（エレベーターの日）、11日（ジュエリーデー、サッカーの日、介護の日）、12日（皮膚の日）、13日（あいさつの日）、14日（パチンコの日）、15日（かまぼこの日、いい遺言の日）、16日（幼稚園記念日）、17日（将棋の日）、18日（土木の日）、19日（緑のおばさんの日）、20日（ホテルの日）、21日（フライドチキンの日）、22日（THANKS PETS DAY、いい夫婦の日、回転寿司記念日）、23日（Jリーグの日、ゲームの日、ワーク・ライフ・バランスの日）、24日（鰹節の日）、25（OLの日）、26日（ペンの日）、27日（いい鮒の日）、28日（税関記念日）、29日（いい服の日）、30日（カメラの日）
この月に生まれた主な人物	武田信玄（1521～1573）、坂本龍馬（1835～1867）、野口英世（1876～1928）、松下幸之助（1894～1989）、本田宗一郎（1906～1991）、手塚治虫（1928～1989）、マリー・アントワネット（1755～1793）、ツルゲーネフ（1818～1883）、アンドリュー・カーネギー（1835～1919）、ロダン（1840～1917）、モネ（1840～1926）、キュリー夫人（1867～1934）、チャーチル（1874～1965）、モンゴメリ（1874～1942）、デール・カーネギー（1888～1955）、ドゴール（1890～1970）、ドラッカー（1909～2005）
主な出来事	3日（1954年：映画『ゴジラ』公開）、9日（1989年：ベルリンの壁崩壊）、15日（1867年：坂本龍馬暗殺、1886年：コカ・コーラ誕生、1955年：自由民主党結成、1967年：非核三原則制定、1982年：上越新幹線開業）、18日（1928年：ミッキーマウス誕生、24日（1963年：ケネディ大統領暗殺）、27日（1901年：ノーベル賞第一回授賞式）

12月

旧暦名	**師走（しわす）**……僧侶が仏事で走る回る忙しさに由来
祝祭日	**天皇誕生日（23日）**……今上天皇の誕生日を祝う
主な行事	冬至、なまはげ、クリスマス（25日）、お歳暮、ボーナス、年末調整、年末ジャンボ宝くじ、年賀状、大晦日、大掃除、年越しそば、除夜の鐘、紅白歌合戦、今年の漢字
主な記念日	1日（映画の日、世界エイズデー）、2日（安全カミソリの日）、3日（妻の日、個人タクシーの日）、4日（E.T.の日）、5日（バミューダトライアングルの日）、6日（姉の日）、7日（クリスマスツリーの日）、9日（障害者の日）、10日（世界人権デー）、11日（胃腸の日）、12日（漢字の日）、13日（双子の日、ビタミンの日）、14日（麺の日）、15日（観光バス記念日）、16日（電話の日、紙の記念日）、17日（飛行機の日）、18日（東京駅の日）、19日（日本初飛行の日）、20日（シーラカンスの日）、21日（遠距離恋愛の日、バスケットボールの日）、23日（テレホンカードの日）、24日（学校給食記念日）、25日（スケートの日）、26日（雪印の日、ボクシング・デイ）、27日（ピーターパンの日、浅草仲見世記念日）、28日（ディスクジョッキーの日、身体検査の日）、29日（シャンソンの日）、30日（地下鉄記念日）、31日（シンデレラデー）
この月に生まれた主な人物	徳川家康（1542～1616）、西郷隆盛（1827～1877）、福沢諭吉（1835～1901）、北里柴三郎（1852～1931）、津田梅子（1864～1929）、永井荷風（1879～1959）、いわさきちひろ（1918～1974）、ベートーベン（1770～1827）、パスツール（1822～1895）、ファーブル（1823～1915）、コッホ（1843～1910）、プッチーニ（1858～1924）、スターリン（1870～1953）、毛沢東（1893～1976）、ウォルト・ディズニー（1901～1966）
主な出来事	8日（1941年：真珠湾攻撃、太平洋戦争開戦、1980年：ジョン・レノン暗殺）、14日（1702年：赤穂浪士討ち入り）、16日（1890年：日本初の電話事業開始）、20日（1904年：日本初のデパート「三越」開業）、23日（1958年：東京タワー完成）、24日（1957年：NHKがFM放送開始）、30日（1927年：日本初の地下鉄が上野・浅草間で開通）

【著者紹介】

伏里 剛（ふしさと・ごう）

1968年神奈川県出身。明治大学法学部卒業。商社にて貿易実務や国際業務、海外駐在員を経験。現在は経営コンサルタントとして活躍中。特に朝礼の効用に注目し、現場での効果的な実践指導を行っている。

もう話のネタに困らない
朝礼上達BOOK

2016年5月3日　初版発行
2018年8月22日　2刷発行

著　者　伏里 剛
発行者　野村直克
発行所　総合法令出版株式会社
〒103-0001　東京都中央区日本橋小伝馬町15-18
ユニゾ小伝馬町ビル9階
電話03-5623-5121（代）

印刷・製本　中央精版印刷株式会社

落丁・乱丁本はお取替えいたします。

ISBN 978-4-86280-506-5
総合法令出版ホームページ　http://www.horei.com/